U0638768

媒介融合环境下的
新闻传播教学

廖声武 ◎主　编
杨翠芳　黄月琴 ◎副主编

中国出版集团

世界图书出版公司

广州·上海·西安·北京

图书在版编目（CIP）数据

媒介融合环境下的新闻传播教学 / 廖声武主编. --
广州：世界图书出版广东有限公司，2025.1重印
　ISBN 978-7-5192-0737-3

　Ⅰ. ①媒… Ⅱ. ①廖… Ⅲ. ①新闻学–传播学–教学
研究–高等学校–文集 Ⅳ. ①G210-4

中国版本图书馆 CIP 数据核字(2016)第 015161 号

媒介融合环境下的新闻传播教学

策划编辑	杨力军
责任编辑	钟加萍
封面设计	高艳秋
投稿邮箱	stxscb@163.com
出版发行	世界图书出版广东有限公司
地　址	广州市新港西路大江冲25号
电　话	020-84459702
印　刷	悦读天下（山东）印务有限公司
规　格	787mm × 1092mm　1/16
印　张	14.25
字　数	280 千
版　次	2016 年 1 月第 1 版　　2025 年 1 月第 4 次印刷
ISBN	978-7-5192-0737-3/C·0062
定　价	78.00 元

把大学教学扳回学术的轨道(代序)

邵士权

　　羊年春节前夕,新闻传播学院廖声武、杨翠芳两位同志一放假就到教务处办公室给我布置了一份"假期作业"——看看学院老师们的教学研究论文。廖老师是多年分管本科教学的院长,杨老师是新任的本科教学院长,情分之下我欣然应允。但收到邮件以及20多篇论文的电子稿后,方觉这份"作业"任务不轻:反馈意见尽量让老师们在假期有时间修改——时效性要强;修改意见越具体越好——针对性要强。这蛮像新闻人的路数!好在这是一个被称作"史上最长"的寒假,面对这个至少在本科教学工作十年来还很新奇的任务,我便把其他事往后压一压,利用十天时间比较认真地学习、领会,结合大学教学改革与发展,审读了全部文稿,赶在除夕前,把不知是否有参考价值的所谓意见打包反馈给了廖声武教授,算是保证了时效性;至于针对性,由于学科专业背景的局限,我不敢有任何期许。

　　初夏,学院拟将经修改完善的聚焦当下新闻人才培养的教学探究与改革实践论文结集出版,嘱我写点感想。我只是提前学习了集子中的绝大多数文章,虽然不敢妄加臧否,却盛情难却。适逢工作有变,便一再拖延至暑假临近的今天。据我所知,这种以一个学院为单位、以相对集中的学科专业人才培养为对象的教育教学改革文集在我校还是首次。故此,我首先借机表达三层意思。

　　第一,大学老师们积极关注并践行教学研究与教改探索的实际行动值得嘉许。新闻传播学院目前只有30多名教职员工,提交研究文章的教师几乎达到三分之二,其参与积极性踊跃性不言而喻。文章的涉及面比较广,探究深度有开拓。就几个基本模块来说,覆盖到了人才培养的基本方面、环节和层次,文章触角也探及到了中外地域及相关演变。我认真拜读了 20 多位老师的文章,每篇文章都凝聚了作者在长期教学实践中积累的经验,给我留下深刻印象,值得体味和感悟。这些学术研究与教学活动密切关联的成果,也一定会对我校现在的、未来的新闻人才培养产生深刻的影响。

第二,大学学院切实重视并扎实推进人才培养尤其是教育教学改革与研究的举措值得充分肯定。学院、学系是大学人才培养和科学研究的基础功能单元,我校在新闻业界工作的毕业生,从新中国成立前一直到新世纪高等教育"大众化"以来的,可谓群体不小、表现不俗、影响不凡,但新闻传播学院的正式建制成立却是最近两年的事。学院如何发展,学科如何定位,人才如何培养等,对于一个新建学院来说,都是十分紧迫、至关重要的。虽然没有深入的专题了解,但从学院的这种举动我们可以推断,人才培养已然是他们办院的重要工作抓手。这里的人才培养应该有两层含义:一是全体教师甚至实验教师、管理人员都深入研究教育对象该如何培养,是谓"培养学生成人才";二是通过这些教学研究与改革实践培养提高教师队伍,是谓"对人才的培养",因为该院教师队伍规模还不大,年龄普遍较轻,他们还具有更广阔的发展空间和发展潜力。就新闻学科专业的人才培养来说,面对日新月异的世界新闻生态,老师和学生共同坚守传统新闻主流领地,积极认识分析并主动跟进各种新闻业态,这种办院思维无疑是符合新闻规律、与时俱进的。

第三,大学人才培养工作应该把教学扳回到学术的轨道作为回归大学之道的实践起点。一提到"学术",人们似乎就意指科学研究。这种认识是不准确的,或者说这种观念是在长期的"以偏概全"或者"诸功能并行"误导下对高校活动本质特征的误解。考察大学的起源及其活动特点,人才培养、科学研究、社会服务、文化传承创新的社会功能演进是逐步推进的,而且即使从现状而言,不同大学的这三种或者四种功能也不会是齐备的,即使真的兼具这几种社会功能,其发挥状况也绝对不是并驾齐驱的。这种狭义的大学"学术"活动观念是很晚近才出现的,基本属于不准确的"孤陋之见",因为它似乎还排斥应用科技,使"学术"陷于了一个非常狭窄的范畴。追溯高校及其活动起源,教学活动无疑是最悠久、最本质的学术探究、传播活动。中国古代"传道、授业、解惑"的师者,哪一项职责不是师与生共同进行的学问探究？所以,我国现代高等教育发展百年之后,把教学扳回学术轨道应该作为大学办学之道的改革实践起点。

由此,我们还应进行更深刻的反思:教学怎么就不是学术活动了？

这归咎于我国现代高等教育百年发展史上几乎没有植根于本土的教育思想或理念或模式,与先后盲目取法日德、学习欧美、照搬原苏联有关,特别是20世纪20年代开始引进和80年代重新审视的两度对美国高等教育的效法,阻滞了我国的高校发展。因为,"二战"后才在美国基本定型的三大基本社会功能"建树",给美国高校自身发展都带来预料之外的麻烦:教学或人才培养活动逐渐丧失其学术探究性特征,教学几乎被淡出"学术"视域。所以,当我们最近30多年来津津乐道于其20世纪50年代的"先进经验",努力追赶学术、拥抱"科学春天"时,曾任美国卡内基基金会主席厄内斯特·博耶20世纪80年代后期首先提出了"教学学术"问题,从"学术"的内涵出发,反诘了学术在美国高校不只是专业性的科研,而是既有探究性的学术、也有整合性的学术,还应有应用知识、传播知识的学术。在这个"学术架构"中,"传播知识的学术"被称为"教学的学术"(scholarship of teaching)。自此,教学的学术性引起了包括哈佛大学在内众多高水平大学的高度关注与行动,并将学术文化引入教学改革创新探索活动。

学术文化被引入教学活动也不是"外来"的,而是高校教学活动本质的复归。高校教学活动从来就与学术探究活动密不可分,即使大学功能得到分化,也不能剥离教学活动的学术特性。其一,高校教学活动总体上与基础教育教学活动重在"传播知识"不同,其从教学目标出发,要注重培养学生的探究和创新能力,亦即不仅让大学生知其然,还须让大学生知其所以然。前者是沿袭基础教育方式,在一般教育学、教学论指导下的"知识本位"教学观,后者则是从高等教育自身特点和规律出发的"能力本位"教学观。其二,高校教学活动要培养大学生的创新思维、批判精神等内在素质,这种思想素质不是"传播——接受"模式可以实现的,必须在有关学术探究活动体验中让学生逐步"养成"。教学活动与学术探究活动有机结合,有利于培养大学生的学术精神。其三,高校教学活动的内容和方法途径必须具有探究性。教学所需的知识信息要及时更新并按照教学传播的实际需要对知识进行再加工,以适应教学对象,而不是只呈现已有知识的"原生态";高校教学活动中对教学内容的选择还有一个"未定型"知识的纳入问题,方法手段还需随技术发展不断改进。

在当前我国高校进行转型分类发展的时代背景下,所有大学都必须共同面对的现实是:不论自身的学科专业特性、特征如何,只要把教学活动纳入学术轨道来考量办院、办学工作,即使没有任何"政绩主义"掺杂其中,也必将无愧于学院、大学这种学术机构之名,因为这样的大学或学院拥有了一个可以持续充实更新的知学术、懂学术、爱学术、发扬学术、创新学术、应用学术的常新的师生共同体。我祝愿我们的新闻传播学院成为这样一个共同体。

2015 年 7 月 10 日

目　录

三、课程教学改革

四、实践教学探索

五、新媒体技术教学应用

六、域外传媒教育撷英

七、思政教育与研究生教学

一、教育教学模式改革

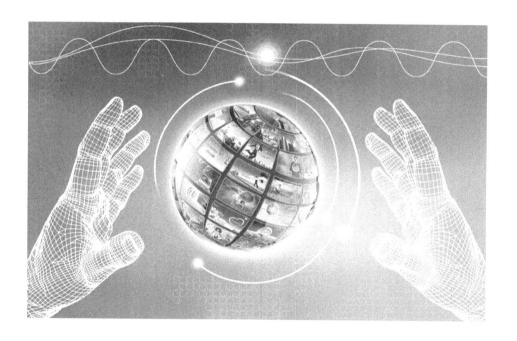

媒体融合与新闻传播教育的应对

杨翠芳

摘　要：本文回顾媒体融合概念的提出、引进,梳理了媒体融合实践在我国发展的四个阶段。由于电子数据的称雄,大数据的冲击,各种信息资讯的获得与传播,以及新闻生产方式、信息传播方式、新闻记者的职业定位等,都发生了巨大的变化。媒体融合带来了更为复杂的传媒生态:网站竟已成为"传统媒体",信息的传播与获取越来越具即时性,大学生群体生活全面"网络化",新闻传播教育遭遇全面挑战。培养适应新的传媒业态、实战能力强且综合素质高的全能型新闻人才迫在眉睫。为此,新闻传播学子必须练好基本功,提高媒介素养,增强适应全新媒体环境的能力;练就过硬的专业能力,强化自身价值,锻造自身的不可取代性;坚守新闻传播人的责任,体现独特价值。

关键词：媒介融合；发展战略；新闻传播；挑战

一、媒体融合概念的提出与引进

从某种意义上来说,人类传播史就是一部技术发展的历史。从印刷传播到电子传播,从电脑互联再到移动网络传播,科技的发展几乎都起着主导作用。在人类文明进化过程中,每一次重大思想变革,都与信息传播模式的转变息息相关。而在信息传播模式的诸多变化中,人与媒体的关系变化所引起的文明发展,最为引人注目。

当受众与传播者的距离遥不可及时, 受众对信息传播行为的参与极其有限,这时的传播行为,除了解读掌握话语权者的思想外,其功能十分有限。随着受众对传播行为参与程度的加深,媒体的功能也在发生变化,信息传播模式则必然随之进行自我调整,否则,这种顽固坚守既有传播模式的媒体,就可能最终消失于受众的视野。也许这种调整有很大的被动成分,但完成这种调整行为的,最终仍是媒体本身。当人类文明演进到 20 世纪末期,电子信息介入大众媒体的传播行为之中——当然,说电子信息介入大众媒体的传播行为始自 1990 年代后半期是不准确的。但媒体整体受到电子信息传播的挑战,则又的确发生于 1990 年代后半期,亦正在这个时期,电子传播模式引起了整个传播媒体的自我调整——尤其是到了 21 世纪第一个十年,电子媒体在信息传播中扮演的角色越来越重要,它已经深度影响着社会舆论的生成,影响着社会价值观的走向,影响着整个文明的进程。

人类的新闻传播,走向了融媒时代。媒体融合,成为媒体人、研究者、新闻传播教育工作者不得不认真面对的问题。新媒体语境下,传统的新闻生产方式、信息传播方式发生了变化,甚至关于新闻记者的职业定位也发生着巨大的变化。新媒体由于电子数据的称雄,大数据的冲击,各种信息资讯的获得与传播,呈现出跟传统新闻传播学理论和实践不一致的情况。传统的新闻传播教育遇到了历史性挑战。

技术的掌握变得如此容易,每个人都可能成为一个"媒体"。新媒体的出现,让所有的既定传播议程行为突然失去了方向感。加之新媒体在传播信息过程中自身具有的种种不确定性,让整个思想界的议程设置变得不可捉摸起来。而几乎所有的大众媒体都不得不面临这样一个尴尬的现实:要么主动适应新时代,运用新技术,巩固或者重新占领信息传播的"制高点",要么被受众无情地抛弃。

如何认识媒体融合背景下新媒体的传播行为?如何把握新媒体在信息生成与信息传播过程中的不确定性?如何在媒体融合时代重建传播理性?这是摆在新闻管理学面前的重要时代课题,也是新闻教育亟需解答的时代难题。

媒体融合的概念,最早提出始于 20 世纪 80 年代的美国,当时译为"媒介融合"。1983 年,美国传播学者、马萨诸塞州理工大学伊契尔·索勒·普尔(Ithiel De SolaPool)教授提出:"媒介融合,就是各种媒介呈现出多功能一体化的发展趋势。从本质上讲,融合是不同技术的结合,是两种或更多种技术融合后形成的某种新传播技术,由融合产生的新传播技术和新媒介的功能大于原先各部分的总和。"① 随后，美国哈佛大学的安瑟尼·G. 欧廷格（Anthony G.Oettinger）及法国的西蒙·诺拉（Simón Nora）和阿兰·孟克（Alain Minc）分别创造出"Compunication"（计算机通信）和"Telelmatiqu"（电信技术）两个新词,试图反映数字融合的发展趋势。美国新闻学会媒介研究中心主任安德鲁·纳齐森（Andrew Nachison）对"融合媒介"的定义是："印刷的、音频的、视频的、互动性数字媒体组织之间的战略的、操作的、文化的联盟。"② 进入 20 世纪 90 年代,数字化融合伴随着计算机数字技术的进步而迅速发展起来,它在为媒体产业融合提供技术支撑的同时,也给信息传播带来了重大变革。

2005 年，被视为我国媒体融合概念的引入之年，中国人民大学新闻学院蔡雯在这一年发表了多篇有关"媒体融合"与"融合媒体"的文章。近几年,随着国内媒体生态的发展,有关媒体融合的研究多了起来,取得了相应的学术成就。一些学者在媒体融合的优势、媒体融合的方法,以及媒体融合下新闻传播学教育的方向等方面,取得了不少研究成果。如吴廷俊对跨媒体内容生产及传播方式的研究，蔡雯等教授在媒体融合背景下新闻传播教学如何变革的探索等,都是值得重视的研究成果。喻国明的研究更看重数字技术对媒体的影响,他在《传媒经济学》中认为,媒体融合是指报刊、广播电视、互联网所依赖的技术越来越趋同,以信息技术为中介,以卫星、电缆、计算机技术等为传输手段，数字技术改变了获得数据、现象和语言三种基本信息的时间、空间及成本,各种信息在同一个平台上得到了整合。

二、媒体融合在我国发展的四个阶段

基于上述媒体融合概念在我国的引进以及这些年的媒体实践，媒体融合在实践层次上在我国也有了长足的发展。

第一阶段,报业集团的组建。

1996 年 1 月 15 日,广州日报报业集团成立,这是新闻出版署批准成立的我国第一家报业集团,从此,报业集团的组建就成为我国报业发展的一个

---

① 蔡雯. 新闻传播的变化融合了什么[J]. 中国记者,2005(9).
② 丁柏铨. 媒介融合:概念、动因及利弊[J]. 南京社会科学,2011(11).

重要趋势,它标志着我国报业发展到了一个新的阶段。"各报业集团除了通过兼并、重组、新创办等形式,在传媒领域里做大做强,形成了各具特色、结构合理、资源互补的报刊群体以及出版社和网站,还依托报业集团的优势积极拓展多元化经营。"①报业集团不仅成为报业经济的顶梁柱,也成为舆论导向的主力军。这种以行政力量推动报业得以完成的融合,有效地整合了传播资源,尤其是整合了编辑资源与信息资源。

第二阶段,报业开办网站推出电子版,新闻媒体成立网站。

1993 年 12 月 6 日,《杭州日报》通过杭州市的联机服务网站进行传输,被认为是中国最早的报纸电子版。1995 年 10 月 20 日,《中国贸易报·电子版》将自己的内容搬到网络上,并在人民大会堂举行了开播演示,被认为是中国报纸进入电子化新时代的标志。随后,越来越多的报纸推出了网络版。1996 年 1 月 2 日,《广州日报》和《中国证券报》的网络版面世。1 月 13 日,《人民日报》综合数据库国际平台开始运转,将当天文字内容与部分图片传入互联网。此外,《经济日报》《金融时报》《解放日报》《新民晚报》《南方日报》等 30 多种报纸也在这一年推出了网络版。现在,几乎所有的报纸都在网络上有各种各样的网络版。

从 2000 年起,中国各个省、市、自治区开始整合所属地区的新闻资源,集中属地内的主要新闻媒体力量,建设综合性的地方新闻信息门户网站。如千龙新闻网、东方网、南方网等。

第三阶段,新闻传播集团(有的地方是集报业广电为一体的集团)组建。

2000 年 12 月,湖南广播影视集团挂牌,成为我国第一家省级广播影视集团。从这一次开始,以技术飞速发展为契机,这些新闻传播集团逐渐将报纸传播、音像传播、视频传播等融为一体。二维码的使用,让音像、视频也走上了纸质媒体,媒体融合的步伐又朝前迈出了一大步。

第四阶段,客户端、新媒体平台的上线和使用,最有代表性的是《人民日报》客户端和澎湃新闻。

2014 年 6 月 12 日《人民日报》客户端正式上线,这是《人民日报》社顺应媒体变革趋势,加快推进传统媒体与新兴媒体融合发展迈出的重要一步。以

---

① 方汉奇. 中国新闻传播史[M]. 北京:中国人民大学出版社,2002:399-400.

客户端的上线为标志,《人民日报》将形成法人微博、微信公众账号、客户端三位一体的移动传播布局,从单一的纸质媒体,演变为融合报纸、刊物、网站、微博、微信、客户端、电子阅报栏、二维码、手机报、网络电视等多种传播形态的现代化全媒体矩阵①。

根据公开媒体报道,"澎湃新闻"是上海报业集团改革后公布的第一个成果,是从属于上海《东方早报》的新媒体项目,其口号是"专注时政与思想的互联网平台",拥有网页、Wap、APP 客户端等一系列新媒体平台。该新闻网自 2014 年 6 月中旬开始内容更新,7 月 22 日正式上线,已经做出了比较有影响力的微信公共账号,如"一号专案""舆论场""知道分子"等。

2014 年 8 月 18 号,中共中央总书记习近平主持中央全面深化改革领导小组第四次会议,审议通过了《关于推动传统媒体和新兴媒体融合发展的指导意见》,强调要着力打造一批形态多样、手段先进、具有竞争力的新型主流媒体,建成几家拥有强大实力和传播力、公信力、影响力的新型媒体集团,形成立体多样、融合发展的现代传播体系。国家层面媒体融合指导意见的提出,从最高领导层面对媒体融合发出了倡导。实际上,近几年来,主流媒体及学者一直在聚焦该课题。

以上,分四个阶段简单梳理了媒体融合在我国的发展过程。"传统媒体与新兴媒体的关系经历了三个阶段,在传统媒体建设新兴媒体、传统媒体和新兴媒体互动发展之后,目前已经进入到融合发展的新阶段。"②

三、媒体融合带来更为复杂的传媒生态

2014 年 7 月,由中国互联网络信息中心发布的《中国互联网络发展状况统计报告》显示:截至 2014 年 6 月,我国网民规模达 6.32 亿,手机网民规模达 5.27 亿。手机上网的网民比例为 83.4%,相比 2013 年底上升了 2.4 个百分点。台式电脑和笔记本电脑上网网民比例略有下降,分别为 69.6% 和 43.7%。

这一组数字充分说明,当前的媒体语境发生了重要变化,媒体融合带来

① 刘龙. 2014 移动互联发展大会在京举行,人民日报客户端上线[N]. 人民日报,2014-6-13.
② 李鹤. 传统媒体移动化步伐加速[N]. 人民日报,2014-6-13.

了更为复杂的传媒生态,这给媒体管理、新闻传播教育都带来一系列挑战。

(一)网站竟已沦为"传统媒体"

现在的年轻人在看什么,你们知道吗?《人民日报》副总编辑马利述说她从大学生群体中得到的反馈:"他们基本不看报纸,甚至连新闻网站也不怎么登录,获取新闻的主要方式是在打游戏时通过电脑屏幕弹出的小窗口读新闻。"在我们惊呼报业全面溃退、广播电视等传统媒体面临危机时,网站竟已"过时",似乎网站也已经成为了"传统媒体"。

百度副总裁朱光说,在与一些年轻朋友交流中发现,其实企业现在花很多精力开发的新闻客户端很多人已经不再用,或者打开的频率正在降低,年轻人更多地通过社交渠道选择其他一些便利的方式接受新闻资讯,不再像过去那样固定在一个阵地上用一种固定的阅读习惯去获取新闻。

以互联网为基础的新媒体在新技术推动下迅速崛起,其势头如风卷残云。新媒体改变了信息流通的路径,重构了信息传播结构,社交媒体、自媒体与传统媒体的用户规模迁徙流转,社交、分享与信息传播如影随形,催生这种传播景观呈现的因素越来越清晰,那就是云计算、大数据、智能终端、多元传播介质以及社交关系传播、移动化传播等交织、融合而产生的新媒体新生态链。

(二)信息传播与获取越来越具即时性

在媒体社会化和社会媒体化的今天,新的媒体生态环境和生态关系成为网络生态文明的重要内容。"中国乃至全球都正处于互联网和媒体融合、转型的快速发展期,我们不应该忽视的是,在享受新媒体新生态带来的便利的同时,全球新媒体业也面临更加复杂的环境。"[1]

信息传播者与接受者合而为一,人们选择信息的自由度增强,新闻与信息边界日益模糊。移动互联网的使用,更使得信息的接受与传播"随时随地",变得非常容易。在风起云涌的数字时代,数量庞大的客户端、社交媒体、即时通讯工具、自媒体等已经规模化地进入媒体领域,媒体机构的生存空间

---

[1] 李雪昆. 新媒体出"新"促融合[N]. 中国新闻出版报,2014-11-20.

受到空前的吞食和挤压,过度媒体化使通往用户的信息渠道变得四通八达,但随之而来的是自主传播抢夺专业媒体话语权,杂音、噪音冲淡真实声音,高质量的内容难以成长,新媒体舆论呈现众声喧哗的失序状态。

回顾人类各历史阶段的媒介语境,从来没有像今天这样错综复杂,这给社会共同价值观打造,给社会媒介素养教育,尤其是给高校新闻传播教育带来了全新的课题。

(三)大学生群体生活全面"网络化"

《中国互联网络发展状况统计报告》分析,2014 年上半年,中国网民的人均周上网时长达 25.9 小时,相比 2013 年下半年增加了 0.9 小时。手机网民以年轻用户为主体,以学生群体占比最大,为 24.9%。由中国互联网络信息中心主办的《互联网发展信息与动态》第 100 期,2014 年 6 月 25 日在上海发布的《2014 年中国大学生媒体使用习惯与最喜爱的媒体调查报告》显示,大学生的互联网接触率高达 99.4%。

互联网发展重心从"广泛"转向"深入",网络应用对大众生活的改变从点到面,互联网对网民生活全方位渗透程度进一步增加,网民尤其是大学生群体生活已全面"网络化"。

高校是大学生聚集的地方,也是网民尤其是移动网络用户相对集中的地方,大学生是网民中文化素质较高的群体,但面对新的媒体语境,面对复杂的话语生态,如何提高自身的媒介素养?传统的新闻教育面临困境,如何在新媒体语境下,探索新闻教育的出路?这些都是摆在高校新闻教育工作者面前非常迫切的问题。

(四)新闻传播教育遭遇全面挑战

当前,互联网、物联网、大数据和云计算融合的业务正进入一个新的周期,终端设备的制造、业务内容的提供、互联网多角色融合不断涌现、跨界竞争日趋明显……众所周知,从平面媒体到门户网站,再到社交媒体和移动平台,新闻内容的生产机制和传播机制发生了根本性的变化。围绕什么是新闻、怎样写新闻等这些新闻学无法回避的最基本问题,新闻教育正面临着一系列新的困惑。

什么是新闻？新闻的价值到底是什么？新闻工作究竟是做什么的？新闻是新近发生的事实的报道还是无边的信息？是社会良知的守望者还是由技术霸权主导的眼球经济的保护者？是社会核心价值的培育者还是受众趣味的低级迎合者？

新媒体技术的使用，决定了新闻生产与新闻传播模式的迅速转变，这种转变让高校新闻传播专业学生（准新闻工作者）甚至一些新闻工作者，对自己的专业方向与职业方向，产生迷失。

财新传媒总编辑胡舒立认为，自媒体的大量涌现在一定程度上减少了新闻环节，降低了成本，但新闻专业的严格把关、客观公正等基本报道原则也受到挑战。

近些年来，新闻教育一直在努力让受教育者成为文理交叉的复合型人才，通识教育的呼声响亮。新闻从业者什么都要懂，势必什么都不精通。媒体不仅是传播信息的工具和载体，而且是社会公器，需要对一些重大社会问题和涉及老百姓切身利益、国计民生问题，进行广泛调查与追问，为社会代言，为生民立命。新闻从业者是"杂家"，更是某方面某个领域的"专家"，这就需要有专业的新闻人去做专业的事情。

总而言之，媒体融合环境下信息传播呈现新的特点，给新闻从业者带来了严重的困扰与迷失，也给新闻教育提出了新的课题。中宣部部长刘奇葆说："观念引领行动，认识推动实践。要努力形成媒体融合发展的观念和认识。"[1] 新闻教育要回答新媒体环境下新闻传播实践中出现的新问题，积极主动地寻求答案。当前，"中国同时面对全球化、社会转型和媒介化三重变革。在这过程中，中国又同时面临三种力量的崛起：一是中国力量的崛起，二是社会力量的崛起，三是新媒体力量的崛起。三种力量的同时崛起，带来了中国社会表达语境的深刻变化。这些变化主要表现在：表达主体多元化、表达诉求多样化、表达渠道复杂化、表达秩序无序化。"[2] 传播环境复杂，传播技术易掌握，传播手段多样化。如何适应媒体融合的新形势，重新对"新闻""媒体"及新闻专业主义等绕不开的问题进行思考与回答，培养新媒体时代的新闻传播专业人才，新闻教育任重道远。

---

① 刘奇葆. 加快推动传统媒体和新兴媒体融合发展[N]. 人民日报，2014-4-23.
② 童兵. 关于当前新闻传播几个理论问题的思考[J]. 新闻与传播研究，2013(1).

媒体融合必须带来媒体伦理道德体系的重建，技术主义时代必须建设技术理性精神，只有这样，才能把媒体融合对新闻伦理可能带来的伤害降到最低程度。所以，媒体融合语境下，要避免其对新闻伦理带来的种种负面影响，技术理性精神建设与全新的新闻伦理价值体系的建设，迫在眉睫。

四、教师在课堂教学中应注意的问题

面对媒体融合背景下新闻教育出现的新情况新问题，作为新闻传播学专业的教师，在课堂教学中应注意这些方面：

(一)旗帜鲜明地阐述新闻价值的经典定义

什么才是新闻和新闻价值？这一关键性的问题要给学生讲透，明确了什么是新闻后，旗帜鲜明地告诉学生，我们的新闻写作到底要做什么、要解决什么，或者是要回答什么。

(二)澄清媒体融合中被模糊了的新闻边界

新闻的边界就是要把新闻和信息区别清楚，不能将二者等同。现在，不少媒体上的很多新闻，都是"伪新闻"或"准新闻"，不应该称作新闻。

(三)告诫学生在新闻写作上要有所追求

从新闻采访和新闻写作的角度，用实践的方法传达一种新闻价值导向，由此向学生灌输新闻理想。如果我们不这样来做，我们的新闻采访与写作便失去了理想性价值、失去了规范性价值。

那么，应如何向学生灌输新闻理想？这是一个非常值得讨论的问题。

2013年，《湖北日报》曾发起过"我是建设者"大讨论，引起了全国范围内的广泛关注，也引发了新闻媒体的热烈响应。2013年4月14日《人民日报》头版发表文章，引题《一封来信引发湖北媒体编辑记者大讨论》，主题《新闻人要做共圆中国梦的建设者》；2013年4月17日第4版头条又发表《中国记协发起"为实现中国梦传递正能量"倡议书，做新闻建设者，担媒体社会责任》。一个负责任的媒体应该做社会舆论的稳定器，为中国梦的实现鼓与呼是媒体最大社会责任。

这个讨论无疑非常及时，意义也非常重大。我们深刻体会到，高校的新闻教育工作者也是建设者，也是建设者的重要组成部分。向新闻传播学专业学生灌输新闻理想，就是要让学生承担做"社会建设者"的责任。

作为新闻教育工作者和建设者的一个方向，是向学生灌输建设者的思想，为社会核心价值观的确立打造建设者。

首先，我们要教育学生认识到媒体在组织社会、动员社会中的巨大力量。如果这个力量朝正面发展和蓄积，是以大局为重，以人民的根本利益为重，这个力量就是正能量，这个力量就会起到建设的作用。如果这个力量朝片面的方向发展，朝反面发展，以局部代替整体，这个力量就是负能量，就会起到破坏的作用。要旗帜鲜明地告诉学生，舆论监督也有建设和破坏的区别，有积极和消极的区别。

其次，教会学生在自媒体时代，强化思想引领意识。同样一件事情，一百个人有一百种观点，要求每个人都具有社会使命感，都具有大局意识，是不现实的。情绪化的东西最容易传播，我们要教育学生，应以理性的态度看待网友的感性观点，提高自己的思想引领水平。而且，现在一定要有这个意识和态度。

最后，新闻理想应与社会理想一致。我们要让学生明白，在一定程度上，掌握媒体就是掌握社会的动员能力，作为未来的新闻工作者，包括现在的微博、微信使用者，已经就是信息发布者、传播者，时时想到现在的传播行为和未来的工作对社会的影响。有出息的学生应该是有远大理想的学生，应该是推动社会进步的学生，应该是社会的一个积极主动的建设者。

武汉地区的媒体近几年在倡导积极健康的舆论氛围上做出了不少成绩。例如，《湖北日报》推出了大别山师魂汪金权、信义兄弟；《武汉晚报》推出了王争艳；《武汉晨报》推出了"割皮救父"的刘培刘洋兄弟；《长江日报》推出了"我爱百湖"系列报道及保护活动。这些媒体都扮演了社会建设者的角色。这些报道在形成主流价值观、营造积极健康的社会道德风气方面，都起到了建设者的作用。所有这些，我们在教学中都要作为生动的例子告诉学生，并进行讨论。

此外，我们还应告诉学生如何看待负面新闻。在一个有着 13 亿人口的国度里，在一个处于政治体制转型、经济体制转轨的特殊时期，有一些这样那样的负面东西很正常,不能把偶然的东西当成必然。对于社会上发生的一些负面事件,对于一些负面新闻,对于一些监督性报道,不能过分解读和分析,更不能持偏激或消极态度。要以正确的心态,直面社会问题,看待不良的社会现象与监督性的报道。

教育学生从正面意义看负面报道,不能从负面意义看负面报道。指导学生看到负面报道的建设性价值,实际上是提高学生的整体媒介素养。我们现在所说的媒体素养,不仅仅只是新闻技术新闻操作上的素养,它已经融入了新闻人和准新闻人的社会理想与新闻理想。

新闻传播是一件很理性的工作。比如"五个 W",比如要求新闻报道与写作的客观准确等,都需要非常理性与冷静的工作态度。新闻写作者作为人本身有情绪很正常,但把不良情绪传递给别人,尤其是传递给社会大众是不正常的,是极不可取的。

五、新闻传播学专业学子自身的应对

外因通过内因起作用,内因才是根本性的。教师在课堂上的教学只是一个方面,作为新闻传播学专业的学生,自身的努力更重要。

据搜狐新闻 2014 年 10 月 15 日报道,教育部公布就业率较低专业名单,15 个专业被亮"红牌",其中涉及新闻传播类的就有:广播电视编导、播音与主持艺术两个专业[①]。据相关数据显示,全国不少高校包括北京、上海、广州等一线城市知名高校的新闻学专业毕业生对口就业率都已经大幅下降,甚至逐年下降。由此便陷入一种无奈:毕业生想挤进媒体越来越难,而媒体却抱怨找不到合适的毕业生[②]。

追根溯源,问题还是出在教育模式和媒体需求的对接上。很多新闻学专业的学生都是理论派,在象牙塔里学到的都是理论知识,实践能力普遍不强。这使得他们不得不面对如此的尴尬:文学素养不如学中文的,画面感觉不如学美术的,逻辑思维不如学经济的。因此,许多非新闻学专业的毕业生在媒体从事新闻工作却更受青睐。专业人士解释,相比新闻学专业毕业生而

① 教育部公布就业率较低专业名单 15 个被亮"红牌"[N]. http://news.sohu.com/20141014/n405083965.shtml
② 崔琦. 就业率低,新闻专业学生情何以堪[N]. 中国新闻出版报,2014-11-20.

言,其他专业的毕业生拥有丰富的行业知识和专业技能,在经过一段时间培训后,不仅能掌握新闻采访和写作的技巧,还能从宏观和专业的角度去思考问题,写出更有思想和深度的新闻,这成为他们比新闻学专业毕业生能更加顺利地进入媒体工作的优势。

当前,传播方式日新月异,市场竞争不断加剧,媒体格局深刻变革。对此,中央要求加快推进传统媒体和新兴媒体融合发展,充分运用新技术新应用创新媒体传播方式,占领信息传播制高点,这给广大的新闻传播学专业教育工作者和学生也提出了更高的要求,培养适应新的传媒业态、实战能力强且综合素质高的全能型新闻人才迫在眉睫。

(一)练好基本功,提高媒介素养,增强适应全新的媒体环境的能力

一方面,新闻传播学专业在校学生在平时的学习中应该注意提升自己的知识广度和深度,在博学的基础上也要专学,博雅与专精相结合,并且一定要给自己准确定位,找准自己擅长的方向。

另一方面,更应该积极参加实践和实习,培养自己的实战能力,寻找各类媒体,不管它是校内的,还是校外的,或者是企业内部的媒体平台;也不管它是传统媒体,还是新媒体,最好是各类媒体都有机会接触,都应主动出击,为自己创造实战实习实训的机会,以提前适应环境,更快上手。

(二)专业能力过硬,强化自身价值,锻造自身的不可取代性

人的价值就在于他的不可取代性。因为记者入职的"去专业化""文理复合型""宽口径""厚基础",不少人入职前,根本不是学新闻传播的科班出身。新闻传播学专业的学子一定要有自己内在的独特的自身价值,并且这个自身价值是其他人不能取代的。

就业率高≠这个专业的人都能找到好工作。就业率是很多人选择专业的一个参考因素,其实按就业率来选专业,风险很大。"就业率"只是一个平均数字,然而,具体到个人能不能找到好的工作,就要看在本专业本领域是否做得出色。如果学生因为一个专业的就业率稍微高一点而放弃了自己喜欢的领域,那么他很可能会在那个"热门"领域里做得很一般,而错过了那个

他本来可以做得很出色的领域。

(三)坚守新闻传播人的责任,体现独特价值

新闻专业主义永远不过时。在"人人都可为记者"的环境下,新闻传播学专业的学生要更能凸显自己的专业价值。有不少同学一上大学就急于去实习,根本没有在教室听几节课,也没有在图书馆读几本书,几年下来,差不多都是在扛机子、拍片子、剪片子。其实,这些技术的东西不是不重要,只要花时间花力气都可以学会学精。不能沦为技术的奴隶,把自己"高职化"。"天生我才必有用",首先得要"有才",而后才能"有用"。

大学教育≠职业教育。其实,大学教育和职业教育的区别很大。前者是提高综合素质、训练思维能力、扩展眼界的地方,后者才是专门培训一个岗位具体的从业技能的地方。

除了极少数专业性特强的专业以外,绝大部分专业的学习和以后的工作之间并没有必然联系。大学教育,至少有一半的知识学习是通识教育,还有一小部分是专业的大类、基础教育,最后剩下的只有较少一部分才是纯粹的专业教育。

大学几年,学什么?从与未来工作、生活接轨的角度讲,其实综合素质培养、思维能力训练、处理和解决问题的方法学习、视野开阔等方面,可能占了主要部分。

胡舒立说,互联网对各行各业的重塑和整合是一个创造和毁灭的过程,这个过程非常辉煌,也非常痛苦,最后的结果也是难以预想的。不管整合如何进行,有公信力的媒体对中国社会的发展和成功转型是必不可少的,也必然是一个漫长的市场调整过程,但无论如何,对于社会责任的坚守将是媒体发展的价值所在。

媒体融合带来传媒业的大变革,充满了变数,也充满了生机。总之,现状窘迫,过程艰难,未来可期,新闻传播教育工作者要做的事还有很多。

(本文系武汉市社会科学基金资助项目"媒介融合与武汉城市形象宣传研究"阶段性成果,项目编号:14032)

全媒体转型与新闻传播学专业的核心能力建设

柴巧霞

摘　要：核心能力培养是新闻传播学专业生存与发展的基础。在新闻业界全媒体转型的背景下，如何适应全媒体传媒理念、传播流程的变革，重新审视当代新闻传播专业的核心能力建构，已成为创新新闻传播教育的重要课题。学科间的异质性决定了全媒体语境下的新闻传播学专业核心能力，主要由专业基本能力、专业特殊能力和专业实践能力三方面构成。未来的新闻传播教育必须为新闻传媒的转型培养出能用多元符号生产多媒体产品的新一代记者、编辑。

关键词：全媒体转型；核心能力；教学改革

世界新闻学教育自 1908 年密苏里大学新闻学院正式创立为标志以来，已历经百年，从报学、广播电视新闻学到网络新闻学，每一次大的转换都与媒介的发展紧密关联。近年来，随着业界的全媒体转型，对新闻传播教育的核心能力培养又提出了新的诉求。如何适应全媒体语境下的传媒理念、生产形式和传播流程的变革，重新审视当代新闻传播专业的核心能力建构，成为创新完善新闻传播教育的重要课题。

一、新闻传播专业的核心能力提出

(一)核心能力的理论溯源

核心能力理论是美国学者普拉哈拉德和英国学者哈默尔（C. K. Prahalad & G. Hamel）于 1990 年首次提出的，他们在《哈佛商业评论》中所发表的《公司的核心能力》(The Core Competence of the Corporation)一文中,提出了"核心能力"概念。所谓的核心能力是"组织的积累性学识,特别是关于如何协调不同的生产技能和有机结合多种技术流派的学识"。①这个定义的要点是"学识、协调和有机结合"。而麦肯锡公司则将核心能力定义为:"是某一组织内部一系列的技能和知识的结合,它具有使一项或多项业务达到世界一流水平的能力。"这个定义指出了核心能力建设的目标。此后,核心能力理论作为管理理论界的前沿问题之一被广为关注。有些学者甚至提出一种新的竞争范式———基于核心能力的竞争战略。应该说,核心能力理论源于战略管理理论、经济学理论、知识经济理论、创新理论等对企业持续竞争优势之源的不断探索,体现了各学科的交叉融合。②

事实上,任何企业都具有能力,但不一定具有核心能力。能力存在于企业的整个价值链,而核心能力强调的是价值链上特定环节的专有知识,是企业各方面能力整合的结果。企业一旦拥有核心能力就拥有了长期竞争优势之源。当然,核心能力不是凭空产生的,它以企业能力为基础,是企业能力积累和发展的结果。③核心能力是企业长期竞争的优势之源,而要形成持续的竞争优势,必须满足五个条件,即应当是有价值的、应当是异质的、应当是不能完全仿制的、应当是很难被替代的、应当具有延展性。

普拉哈拉德和哈默十分强调核心能力的内生性,然而,核心能力的形成不仅仅只是企业的一种内部行为,它与企业所处的外部环境也有密切的关联。企业是一个开放的系统,它总是处在某种外部环境中,离开了企业的外部环境,不可能产生核心能力。

同样,核心能力理论对于新闻教育也有重要的启示意义。在今天传播技术飞速发展,传媒格局迅速演变,新闻院校竞争激烈的背景下,核心能力的培养成为取得和维持专业乃至学校竞争优势的关键因素。因此对新闻传播专业核心能力的探讨也显得十分必要。

① 〔印〕普拉哈拉德,〔美〕哈默尔. 公司的核心能力[J]. 北京社会科学,1999(4).
② 李思寰. 核心能力理论研究进度[J]. 管理科学文摘,2006(1).
③ 邹筱乐. 核心能力理论战略价值再认识[J]. 中共福建省委党校学报,2005(4).

(二)全媒体转型的核心能力呼应

全媒体转型成为当代媒体改革与发展的一个趋向。所谓"全媒体",是指打通传统媒介界限,在数字介质上,构建全新的融文字、图片、音频、视频、动画等多种表现形式为一体的内容平台,并打破原有的刊发和播出频率,实现全天 24 小时滚动内容提供。①全媒体的实质是运用所有的媒体手段和传播平台来构建大的报道体系。正如彭兰教授所言,从总体上看,全媒体不再是单落点、单形态、单平台的,而是在多平台上进行多落点、多形态的传播。②

在竞争激烈的信息时代,全媒体被公认为是媒体转型的一条必由之路。2006 年 12 月 20 日,沈阳日报报业集团成为我国首家实现全流程、全媒体运作的媒体集团。2008 年,《烟台日报》组建"全媒体新闻中心",正式踏上全媒体转型之路。是年底,《杭州日报》组建"全媒体记者"队伍。2009 年 1 月 18 日,《宁波日报》成立全媒体新闻部,并组建我国首支视频全媒体记者队伍。此后,南方报业集团、四川日报报业集团、《潇湘晨报》《湖北日报》等各大报媒都在尝试向全媒体进军。与此同时,各大电视台也不甘落后,纷纷踏上了与网络媒体融合的道路。由此可见,我国乃至世界媒体正在走上全媒体转型的道路。

全媒体不仅带来了媒体形态、传播业务的变革,而且还对传媒理念、生产形式和传播流程形成了冲击。面对新闻传播业的这种变革,过去培养面对单一媒体,具备一般的采、写、录、摄、播等技能的人才培养模式显然不合时宜。为此,加强新闻传播学专业核心能力建设,培养具有开拓创新精神的一专多能的复合型人才,逐渐踏上了新闻传播教育的新日程。

(三)新闻教育的核心竞争力需求

核心能力培养是大众化教育的必然选择。随着高等教育大众化的推进,我国新闻教育事业迅速发展,特别是进入 21 世纪后,我国新闻教育突破了精英教育模式,专业教学点急剧增多。

相关资料显示,1977 年全国高等院校恢复统一招生制度,北京大学、复旦大学、北京广播学院和广西大学的新闻系或新闻专业开始按新的方式招

---

① 吴蔚. 欧美报业危机下的"全媒体"生产链重构[J]. 南方传媒研究,2010(23).
② 彭兰. 媒介融合方向下的四个关键变革[J]. 青年记者,2009(4).

收学生。1983 年全国出现了新闻教育的第一次办学热潮,当年,吉林大学、兰州大学、新疆大学、武汉大学、华中工学院(现华中科技大学)、厦门大学都先后增设了新闻传播系或新闻专业。到 1999 年底,全国普通高等院校设有新闻学类专业点共计 124 个,平均每年发展约 6 个点。

进入 21 世纪后,新闻教育事业发展更为迅猛。根据学科新目录以及教育部高等教育司的综合数据,新闻传播学类专业已达 15 个,发展情况参见表 1。从表 1 看,近 12 年来,平均每一年发展的新闻传播类专业教育点数相当于前 20 年的总和,总计增长了近 13 倍。随着学科专业数量的增多,新闻传播类专业教育出现了跨学科的趋势,新闻传播学与工学、艺术学等学科门类的专业开始有所交叉,而且跨学科的专业越来越多,出现了数字媒体艺术、新媒体与信息网络等新专业。据统计我国每年大约有 13 万新闻传播学本科生毕业,而全国新闻工作者仅有 75 万人,从理论上讲,6 年时间就可以将全国新闻队伍全部更换一遍,而这在实际上是不可能的。这就造成了新闻类人才供大于求的状况,新闻传播类专业人才的竞争激烈可想而知。为了增强新闻传播专业的教育竞争力,重视并加强专业核心能力的建设与培养势在必行。

表 1 我国传媒类专业发展情况简表 [1]

专业类 \ 批准年份	2000年前	2000	2001	2002	2003	2004	2005	2006	2007	2008	2009	2010	2011	累计
新闻学	58	14	24	18	29	22	22	15	8	8	2	8	3	231
传播学	0	0	4	6	6	3	4	0	3	4	1	2	5	38
广告学	37	22	29	22	25	21	30	22	29	15	11	11	8	282
广播电视新闻学	12	18	24	18	18	16	9	9	13	14	7	5	9	175
编辑出版	6	6	5	8	10	8	9	2	0	2	6	1	4	67
新媒体与信息网络	0	0	0	0	0	0	0	0	0	0	0	1	8	9
媒体创意	0	0	0	1	0	1	0	1	0	1	0	1	1	7
摄影	1	5	0	10	6	8	4	5	1	4	7	4	11	66
播音与主持艺术	2	3	7	11	7	11	6	11	16	18	11	21	21	147

[1] 数据来源于中华人民共和国教育部网,http://www.moe.edu.cn/publicfiles/business/htmlfiles/moe/moe_269/201005/88505.html.,道客巴巴文库,http://www.doc88.com/

续表

专业类　　　批准年份	2000年前	2000	2001	2002	2003	2004	2005	2006	2007	2008	2009	2010	2011	累计
广播电视编导	5	5	6	4	15	3	12	7	19	15	19	23	24	157
戏剧影视文学	2	2	3	4	5	5	4	1	2	4	9	7	10	58
动画	1	4	17	0	23	25	31	44	35	30	39	24	23	296
数字媒体艺术	0	0	0	1	1	5	14	13	6	14	16	12	16	98
录音艺术	0	1	1	1	5	2	0	1	3	2	0	5	2	23
照明艺术	0	0	0	0	0	1	0	0	1	0	0	1	1	4
合计	124	60	120	104	150	125	156	131	137	130	128	127	146	1638
各年累计	124	184	304	408	558	683	839	970	1107	1237	1365	1492	1638	1638

　　另一方面,媒介格局的演变也促使新闻教育的社会需求发生变化。美国马里兰大学 Thomas Kunkel 教授认为,在整个媒介大环境和新闻工业转型期间,新闻教育机构更关注媒体及受教育者"多面向"传播技能的需求。[①] 这里的"多面向"不仅是指掌握各类媒体的操作技能,更是指强化新闻专业的核心能力。新闻传播教育应当立足于新媒体与传统媒体融合发展的客观变化,立足于新闻教育大众化的现实,加强新闻传播学专业核心能力的建设,改善人才培养模式,完善新闻传播教育。

二、新闻传播专业的核心能力建构

(一)新闻传播专业的核心能力内涵

　　在全媒体时代,随着新闻生产流程的改变,诸多类型的新闻作品在同一数字生产平台上进行策划、制作、组合,已经成为一种较为主流的趋势。这就要求记者编辑能够对报纸、广播、电视、新媒体等多种类型的新闻都有所了解,理解它们在呈现理念上的差异,并学会运用这些新闻报道的基本制作技

① 张晓锋,马汇莹. 新闻传播学研究生教育现状与挑战[EB]. 人民网传媒频道[2007-01-17]. http://media.people.com.cn/GB/5294339.html

巧。童兵教授认为,国内媒介环境对新闻教育人才培养提出了新的要求,复合型人才、专家型记者,将越来越成为媒体的"宠儿"。① 全媒体时代的到来使得新闻传播学专业的核心能力也将随之发生变化。

新闻传播学专业的核心能力是指,本专业所具备的专业知识和特殊技能,这种知识和技能具有异质性,它不能被完全仿制,也很难被替代,它对于形成专业优势竞争力具有重要价值,并具有辐射性,可以延展。专业核心能力的培养,是专业取得和维持竞争优势的关键因素,它对专业的长远发展具有超乎寻常的战略意义。

从学科间的异质性来看,全媒体语境下的新闻传播学专业核心能力,主要由专业基本能力、专业特殊能力和专业实践能力三方面构成。其中专业基本能力包括专业基本理论、沟通协调、学习应变、创新能力等;专业特殊能力包括新闻采、写、编、评等基本业务能力和数字媒体技术能力、新闻专业主义精神、分析批判能力等;专业实践能力包括语言表达、人际交往、环境适应、多媒体应用能力等。

从新闻传播学学科内部来看,专业之间的竞争常体现为核心能力的竞争,因此,每个专业都应该提高专业价值,凝聚专业特色,突出专业优势。但问题是,目前的专业划分太细,导致专业面越来越窄,有些新增的新媒体专业片面追求对媒介电子技术的培养,实际上是对新闻学专业特色的背离。在新闻传播教育中过度迎合媒体,反而会落得"上手快,没后劲"的评价,最终学生们也不受媒体欢迎。②

新闻传播教育的核心能力并不能一概而论,也没有固定的模式,每个学校,每个专业都要在充分考虑自身优势的基础上,把握传媒生态的现状,然后有针对性地确立并建设自己的核心能力。此外,核心能力在校际间也应该形成差异,每个学校各有所长,若将学校的资源优势与新闻传播教育相结合,就有可能打造出独特的核心能力。如理工类院校可以发挥技术的优势,采用文工交叉的办学理念,将新闻传播教育的核心能力确立为数字媒体技术,而经济类院校、政法类院校、体育类院校等也可充分利用学校优势,确立具有该校特色的核心能力。

① 童兵,黄奇萃. 中国新闻教育创新的压力和动力[J]. 中国记者,2010(9).
② 陈敏直. 坚守新闻学专业特色[J]. 新闻界,2006(3).

(二)新闻传播专业的全能记者必备

全能记者是媒体完成全媒体转型的支撑力量。澳大利亚迪肯大学新闻学院副教授史蒂芬·奎恩博士认为,全能记者最重要的素质不是能够掌握所有的先进采访设备,而是具有媒体融合的意识。他将全能记者分三个层次:第一个层次是能够用手机对突发事件进行报道;第二个层次是一个记者能够在一天内既能为网站写稿又能提供视频和博客新闻,还能为报纸写稿;第三个层次是既能够为报纸写深度报道又能够为电台电视台做纪录片。"最理想状态就是传媒集团能拥有所有这三个层次的记者。"①

培养具有融合意识的新闻人才,是全媒体转型对新闻传播学核心能力提出的新要求。全媒体的运作方式要求一线记者实现从单一传播向多元传播的转型,要求记者在采访过程中能够考虑到多媒体终端下不同媒体的不同需求,并能够在第一时间内同时采集图文、视频、音频信息,以方便后期的多媒体编辑制作。在以全媒体数字技术平台为依托、以多媒体为主要报道方式的后报业时代,迅速成长起来的全能记者是不可替代的新闻人才。

然而,要求每个记者都做到精通各类传播技术也是不现实的。暨南大学的范以锦先生就认为,"全媒体记者"是个相对概念,每个记者个体很难做到全而专。不能轻易地把进行过一般的采、写、录、摄、播培训的记者说成合格的"全媒体记者",更不要把为记者准备了一个装有摄像机、平板电脑、智能手机、DV 的工具包,并教会他们怎么用这些工具,就标榜已经成功推行"全媒体记者"队伍建设了。真正适应媒介融合的记者并非全才,而是能够熟练掌握一两门报道技术,同时又熟悉其他报道手段,并具有很强的团队合作精神和媒介融合意识的新闻人才。② 这就提出了培养"一专多能"型媒体人才的要求。

全能记者培养所要求的"一专多能"型人才中的"一专"指的是,记者要精通一到两门报道技术,能够采编并制作出适合某一类型的高质量的新闻产品。这里的某一类型,既可以是某一种媒体类型,如纸质媒体、视听媒体、社交媒体等,也可以是某一种报道类型,如财经报道、法制报道、体育报道

① "2009 媒体融合战略战术高级研讨班"观点概述[J]. 中国记者,2009(9).
② 范以锦,黎妙娟. 对"全媒体记者"的几个认识误区[J]. 传媒观察,2012(5).

等,从而守好自己的"一亩三分田";而"多能"指的是,记者要了解并熟悉其他报道手段的要求及操作流程,能够运用其他报道手段,制作出适合其他类型的新闻产品。此外,培养新闻人才的团队协作意识以及媒体融合意识,也是"一专多能"型媒体人才培养的题中之意。在媒体融合背景下,由于新闻报道活动需要处理海量的信息和数据,从而使得它更多地成为了一种团队性的活动,每个媒体人都是这个团队的一分子。只有具有强烈的协作意识和融合意识,才能完成复杂的采编活动,这就改变了过去的"单打一"状况。

世界上第一个创办新闻传播学的美国密苏里大学,于2005年9月再次领先创办了世界上第一个"媒体融合"专业。该专业在培养人才时,除了对学生进行各种媒体技能的基本训练之外,还十分强调每一个学生都要有一个自己的重点媒体领域,这就是典型的培养适合全媒体要求的"一专多能"型人才。同样,对于进行全媒体实验的媒体来说,在培养记者编辑的全媒体意识与思维的同时,让每个人有一个侧重和定位,这也是培养"一专多能"型人才的一种途径。

(三)新闻传播专业的信息整合能力

在单一媒体为主导的时代,报道活动围绕某一特定媒体形态展开,媒体人的报道思维也呈现出以单一媒体为核心的特征。但全媒体模式则完全不同,其业务流程可以概括为:实现"前端全媒体采集,后端流媒体制作,终端互动式体验"。全媒体时代,新闻的采编工作将在统一的内容平台上完成,记者围绕某一新闻事件,采集包括文字、图片、音频和视频等相关素材,然后将素材录入全媒体数据库,并将这些素材进行二次编辑和加工,由不同媒体各取所需。同时通过深加工制作出各种形态的终端新闻产品,再通过不同的传播渠道发布。在这种传播流程下,媒体对事件的处理更加多角度,更注重原创性和多媒体化,更倡导受众参与,注重与受众的互动。这在很大程度上对传媒人才的信息筛选与整合能力提出了更高的要求。

对于全媒体时代的多技能型记者而言,"为全媒体生产内容"的理念将成为主导,而这更需要整合性思维。当面对一个新闻事件时,全媒体记者应迅速地判断并准确应用纸媒报道、动态音像、网络媒体和手机传播等多种符号系统,采用滚动方式连续报道。而全媒体编辑则需要思考如何将记者搜集的众多素材资源经过整合后应用到不同的媒体，如何将用户使用后产生的诸多内容加以改造，使其成为媒体再利用的新素材。

整合的思维要求新闻工作者突破固有的媒体界限，形成以用户为中心的思维方式，学会运用新媒体的互动手段加强与用户的交流沟通，及时获得反馈来增强报道的针对性。并注重研究用户的兴趣爱好与阅读习惯，寻找新闻报道与用户贴近的结合点，为满足不同用户的个性化需求提供差异化的内容。

在全媒体时代，信息的统一搜集和统一发布，使得信息需要在不同的媒体之间进行重新整合并再次传播，信息的多次传播可能会造成信息的保真性降低，因此记者和编辑需要具有批判精神。特别是由于媒介形态的多样化，信息终端的多元化，使得人们接触信息的机会和频率大大增加，人们所获得的信息总量成倍增加，注意力进一步分散，因此，具备批判的精神和眼光，对于提炼事实信息具有重要的意义。

三、新闻传播专业的核心能力培养

全媒体时代新闻传播学专业核心能力的培养，不能完全承继原有教学模式，应从教学理念、教学模式、教学方式等方面予以改革、创新。

(一)新闻传播专业教学目标的改变

人才培养必须依托于社会现实，适应创新人才培养的国际化趋势，为国家和区域媒介文化产业发展的需要，思考如何为全媒体转型培养复合型(跨媒体)的"融合新闻"人才。

在传统新闻学中，我们总是把自己界定为"报纸"记者或"电视"记者或"网站"记者。当我们在极力区分专业教育差别的时候，社会则强调学科的交叉、专业的多能，探讨融合中的"超级记者"或"双栖记者"。随着媒介的融合，一个真正独立和强大的公共传播新媒体系统将会出现，"它可能在本质上使所有的传媒机构发生转变"，包括新闻传播教育。

面对迅速发展的新媒体技术，我们可能难以教会学生们使用每一种最新的技术工具，但我们可以告诉他们技术工具的本质与演进趋势，让他们拥有扩展和更新自己知识系统的科学思维方法和基础知识结构。新闻传播教育的改革,应当朝着上述目标接近。

实际上,全媒体时代新闻传播学专业人才培养目标主要有两个层次:一是培养能够在全媒体集团中进行整合传播策划的高层次管理人才;二是培养能够运用多种技术工具的全能型记者编辑。对于第一层次传播管理人才来说,必须具备信息内容生产、高新技术应用、发展战略策划等多种素质,能以宏观的思维统筹多媒体产品生产、发布和营销,以及在这个过程中对所用资源的整合共享与交叉互动。而对于全能型跨媒体记者编辑的培养来说,就是要求必须学会同时运用多媒体进行工作,学习运用更多新技能的多媒体和工作流程,力求在以印刷、在线及视频、音频的融合新闻工作平台上取得成功,这也是新闻传播教育改革的目标。各专业可以视自身情况而调整人才培养的目标和方式。

(二)新闻传播专业教学模式的改变

教学模式的改革是新闻传播学核心能力培养的保障。目前主要有三种模式可供选择:

一是"独立"模式。即在传统新闻传播学科的专业中,独立设置"媒介融合"或"融合新闻学"专业。通过对美国TOP100的综合性大学和新闻传播类TOP50的大学分析,独立设置"融合新闻"或类似专业方向的有密苏里大学等六家,占总数的12%。

二是"交叉"模式。即在不完全打破传统专业界限的情况下,实现专业间的交叉选修、互补互融。如密苏里大学除开设融合新闻学专业之外,还开设了融合新闻摄影、融合广播新闻报道和制作、融合电视报道三个跨学科专业。这些专业的学生除了必修自己专业方向的理论和技能之外,还要"打包"选修某一兴趣领域中6个学分的课程。该校力图让学生们在校期间掌握两门以上的新闻传播专业知识,增强学生的多媒体适应能力。

三是"融合"模式。"融合"是与"独立"相对应的模式。后者的课程设置从总体上看是独立的,是严格按专业分割为目的的实务性课程,显然与"融合"的本质不相符。严格意义上的"融合"是将相关的专业内容整合到融合新闻教育知识体系中,构建"复合课程",例如在编辑课程中融合印刷、视频在线和其他许多传输格式中的编辑技术。美国绝大部分高校的新闻传播院系所进行的媒介融合的课程改革几乎都采用了这一模式。这些新闻实务课的教学内容,较之单一媒体壁垒分明的时代,已经发生了很多变化,在注重基本功训练的同时,针对融合媒体环境下的新特征,对学生做出了新的训练。

为了适应全媒体转型的趋势,我们可以吸收美国大学的有益经验,以第二种"交叉"模式和第三种"融合"模式为主。在"交叉"模式下,将课程划分为不同层次,让学生在传统媒体知识建构之外,增加在新媒体平台上的信息处理能力。在"融合"模式下,一些传统的课程需要充实,同时,也应该创建一些新的课程。

全媒体时代新闻传播学课程体系设计的重点在于集中学科优势,探讨融合新闻记者、融合编辑人才培养的需求。其课程体系分为四大板块:第一部分是全媒体基础课程,调整后的基础专业课程应充分利用当前新闻传播学的学科优势资源,打破学科壁垒实现共享;第二部分是全媒体核心课程,强调将传统新闻学的专业课程,与基于数字网络技术的新媒体方向的专业课程相结合,力图通过这种课程体系的整合培养具有"全媒体"技能的新型人才;第三部分是全媒体专题课程,要求学生在现有的领域中专攻某一特殊领域;第四部分是全媒体选修课程,这部分由学生根据自己的兴趣和未来的发展方向,自由选择感兴趣的课程。

(三)新闻传播专业教学方式的改变

新闻传播学是一门以实务为导向的学科,其应用性特征突出。其核心能力如何体现在"强实践性"的结构维度上,即依托各类教学资源,搭建各级教学实践平台和基地,这是核心能力培养应该解决的问题。其培养路径,特别强调媒介实践和实验教学、增强应用训练和创新体验。我们可以在全媒体课程体系建构中,加强实践教学内容的设计比重,在核心课程和专题课程中设置必要的实践教学学分。为满足实践教学改革的需要,还可以推出全媒体实验性平台,供学生实地演练。此外,还可以积极寻求"外援",在实现全媒体转型的报业集团、广播电视台和新媒体中心建立实践基地,让学生体验全媒体采编系统的运营方式,尝试向全媒体终端发布。

全媒体转型对人才的应变能力、整合能力、批判能力和多媒体技能等都提出了新的要求。相应地，在教学环节就应该强调"批判式思维"的运用和多媒体的实用教学，注重对这种平衡性的把握。教学方式改革可以采用全媒体团队协调模式。在全媒体课程中探索板块化教学，每个板块由不同的教师负责，在板块之间相互连接或通过共同项目建立连接关系。或者采用联合学习方式，主讲者通过个人能力整合所有知识与技能。或者采用流程分散模式，由不同教师负责不同领域的学生，学生通过团队项目进行专业互补。此外，还可以利用网络社区让老师和学生一起进行开放、交互式的工作。

师资力量是核心能力培养的保障条件，也是当前要解决的首要问题。目前我国高校的新闻传播学教师大多数没有受过专门的业务训练，加上高校日常的教学考核又更重视科研能力而非实践能力，从而造成教师与业务实践脱离较久，导致实践教学不能"接地气"。因此，建设一支"融合"型的教学与研究队伍，是融合新闻教育中最为重要的支撑体系建构。随着全媒体转型，新闻传播教育者的角色也正在向"全能知识"指导者转变，为此还需要采取人才引进、在职培养、出国进修和与业界共建、交流的方式，建设一支适应专业综合改革、拥有融合型知识结构的教学团队。

在以全媒体数字技术平台为依托、以多媒体为主要报道方式的新时代，融合型全媒体记者编辑是不可替代的新闻人才，成为实现传媒数字化转型的时代先锋。未来的新闻传播教育必须迎接挑战和改革，为新闻传媒的转型需要尽快培养出能用多元符号生产多媒体流程产品的新一代记者编辑。

参考文献：

[1] 安德鲁,坎贝尔等编. 核心能力战略——以核心竞争力为基础的战略[M]. 严勇译. 大连：东北财经大学出版社,1999：17-25.

[2] 吴蔚. 欧美报业危机下的"全媒体"生产链重构[J]. 南方传媒研究,2010(23)：87-93.

[3] 彭兰. 媒介融合方向下的四个关键变革[J]. 青年记者,2009(4)：22-24.

[4] 中国新闻教育学会. 中国新闻教育论文集[C]. 北京：高等教育出版社,2001.

[5] 张晓锋,马汇莹. 新闻传播学研究生教育现状与挑战[EB]. 北京人民网传媒频道[2007-01-17]. http://media.people.com.cn/GB/5294339.html

[6] 教育部高等教育司. 2000-2011年度经教育部备案或批准设置的高等学校本科专业名单[EB]. 北京：中华人民共和国教育部网站[2012-9-30]. http://www.moe.

edu.cn/publicfiles/business/htmlfiles/moe/moe_269/201005/88505.html

[7] 普拉哈拉德,哈默尔. 公司的核心能力[J]. 北京社会科学,1999(4).

[8] 李思寰. 核心能力理论研究进度[J]. 管理科学文摘,2006(1):20-21.

[9] 邹筱乐. 核心能力理论战略价值再认识[J]. 中共福建省委党校学报,2005(4):43-46.

[10] 陈敏直. 坚守新闻学专业特色[J]. 新闻界,2006(3):113-114.

[11] 蔡雯. 以新闻教育改革推进新型新闻传播人才培养[J]. 国际新闻界,2010(10):10.

[12] 童兵,黄奇苹. 中国新闻教育创新的压力和动力[J]. 中国记者,2010(9):25-27.

[13] "2009 媒体融合战略战术高级研讨班"观点概述[J]. 中国记者,2009(9).

[14] 范以锦,黎妙娟. 对"全媒体记者"的几个认识误区[J]. 传媒观察,2012(5):5-7.

[15] 孙雷军. 略论全媒体时代广播记者的基本素养 [J]. 中国广播电视学刊,2012
(7):68-69.

媒介融合背景下广告教学的挑战与对策

陈 薇

　　摘　要：媒介融合的趋势既催生了广告行业的整体变局，也对广告教学与人才培养模式带来了影响。本文在探讨广告行业变化的基础上，分析了新媒体的发展对传统广告教学带来的挑战，探索改革广告人才培养模式的相应对策：创新教学模式，借助市场细分理论开展定制式教学；加强课堂黏着力，尝试体验式教学；满足市场需求，培养具备全媒体、大策划意识的实用型创新人才。

　　关键词：媒介融合；广告教学；市场细分；体验经济

一、媒介融合背景下广告业态的变化

　　网络技术与数字技术的迅猛发展，改变了信息生产与传播的方式，也催生了媒体产业的整体变局。广告作为媒体依存度极高的行业，无论从市场调查、广告创意、投放策略还是效果监测的各个环节，都越来越精细与复杂。一方面，媒体类型不断多样化、媒体更新周期被缩短、消费市场日趋碎片化、创意方式也随之更为个性与精细化。在媒介融合的背景下，广告与新闻宣传、公关、营销等其他形态的界限逐渐模糊，在技术、资源和策略上与其他传播手段不断整合，使得广告行业从产业格局、媒介形态、受众角色以及品牌营销传播都发生了根本性的变革。另一方面，凭借媒体融合的强大渗透力，广告的社会影响力不断得到扩展和强化，既从宏观上影响着社会权力关系和消费文化，也从微观上影响着社会成员的消费心理、情绪体验和消费行为。

　　这些变化直接影响着广告教育，对广告专业的教学理念和人才培养模式也提出了新的要求。在媒介融合的背景下，如何应对新媒体的发展对网生代学生群体带来的挑战？如何满足学生越来越精细和多样化的知识需求？如何顺应新媒体的特点改革课堂教学的形式与流程？如何实现教学理念与教学实践的双重创新？如何重塑教师在课堂的专业权威？这些都是在高校广告专业教学中迫切需要解决的问题。

二、新媒体的发展对传统广告教学的挑战

(一)学生获取知识的主动性和精确性极大提升

媒介融合中越来越丰富的移动互联服务,越来越简便的信息生产方式,越来越迅捷的移动在线方式以及低廉的网络服务费用, 使得传统信息传递的方式从"广播"变成"广取",信息流动的方向从单向变成互动循环,受众对信息进行主动选择的欲望也更加强烈。学生不再满足于课堂上被动接受知识的传统模式,而更习惯依照自己的兴趣、喜好与能力,不受地点、时空和其他外部条件限制,去主动选择新知的内容、层次与接触方式,并与教师在各自多媒体平台上进行互动。另一方面,随着微信、QQ 等社交媒体的盛行以及微博、空间等自媒体的扩展,学生可以通过更私人化的渠道接触新闻、获取新知,并且在信息的转发与分享中形成自己的认知与理解,并在表达权的扩展中抵抗教师的权威。在这种信息需求的转变下,学生获取知识的主动性和精确性都大大提升, 传统课堂教学的一言堂不再被学生接受, 没有进行"受众细分"的大课堂授课模式也遭到冷遇,教师的权威与专业地位更是受到挑战。

(二)学生关注新知的兴奋点日益多元和分化

在学习的四个基本要素中,动机作为学习过程的起点,直接影响到知识习得的深度与广度。动机是指能引起、维持行为,并将该行为导向某一目标以满足个体需要的意念或愿望。当主体因知识的缺乏造成紧张,并由外在的诱因得以强化时,对知识的渴求便构成了学习强有力的动机。[1]网生代的学

---

① 王怀明,王泳. 广告心理学[M]. 长沙:中南大学出版社,2004.

生群体由于信息获取渠道的便利,视野更为开阔,对行业动向的感受更为敏锐,无法在课堂上产生获取新知的强烈动机。同时,网络世界丰富的信息容量也增加了课堂学习的干扰,当学生在课堂上一边奋笔疾书做着笔记,一边抽空回复着微信的朋友圈或发着短信,这种对新知的渴望与需求紧张被娱乐的松弛所冲淡,再加上网络文化的影响使得对网生代的阅读习惯从"经典阅读"逐渐向浏览式娱乐式的"浅阅读"过渡,这种外在的诱因明显偏向更为轻松和自由的课外世界,如此一来,对于知识习得的动机被彻底动摇,课堂学习的效果大打折扣。

(三)学生更加重视知识习得过程的个人体验和情感卷入

新媒体的普及使得受众获取信息的来源更加多元,也对信息的呈现形态要求更为苛刻,更加重视信息的细节和即时的观感。根据 CNNIC 发布的《第 34 次中国互联网络发展状况调查统计报告》显示,截至 2014 年 6 月,视频用户规模已达 7.32 亿,其中网络视频用户规模为 4.39 亿,手机视频用户规模为 2.94 亿,10-29 岁的年轻用户在移动端看视频的比例在 69%以上。[①]视觉符号表现丰富的视频使得受众更加在乎信息获取的全方位体验与情感满足。在这种环境中,学生关注的不是知识本身的"有用程度",而是知识所呈现出来的"精彩程度";学生在乎的不是被动的"收听"或者"记录"课堂,而是深入的参与和体验课堂。尤其对于广告学这样的应用型文科,教师在课堂表现的沉闷与过时,课程设置的枯燥和单一,课堂教学的单向和缺乏互动,完全不能满足学生知识获取的感官和情感体验。

(四)专业教师的权威与角色受到挑战

在传统的课堂教学中,专业教师、专业教材、专业课堂,都具有不可置疑的权威性和崇高性。学生由于获取信息来源的限制、自身能力的缺失和渴望新知的强烈动机,促成了课堂教学的服从态度和对教师权威的敬畏。但是数字技术和网络应用平台的普及,一方面降低了知识获取的门槛,使得优质教育资源不再专属于一流的大学课堂,而是走出地域的藩篱走向世

---

① 《第 34 次中国互联网络发展状况调查统计报告》CNNIC http://www.cnnic.net.cn 2014-7-23.

界。当面对 iTunes-University 里来自耶鲁大学、俄亥俄州立大学、加州大学伯克利分校这些世界顶级名校免费共享的新闻传播学课程,以及网易大学里国内一流新闻传播学院精彩绝伦的名家讲坛,知识陈旧又平淡如水的课堂教学如何与之抗衡? 另一方面,开放的网络环境使得学生可以通过自主查询大量的资料来答疑解惑,通过网络社交平台寻求帮助,甚至直接和业界的专业人士进行沟通,这就使得教师的角色在这一环节中更为尴尬。当学生将成熟思考的问题与教师在课堂上进行探讨,这对于教师的专业能力和知识更新的速度都是极高的要求,对于维护老师的专业权威也是极大的挑战。

三、改革广告学人才培养模式的发展对策

(一)创新教学模式,开展精准"定制式"教学

媒介融合不仅改变了信息的生产方式和组合方式,也改变了受众对于信息的获取方式、获取途径和获取成本。在这种思路指导下,应该改变传统课堂没有区隔的教学方式,开展精准"定制式"教学。定制式教学的精髓在于,依照市场细分理论(Market Segmentation)对教学对象进行"细分"。市场细分理论作为战略营销的核心内容,将市场看作一个多层次、多元化的消费需求集合体,企业应根据不同需求、购买力等因素将市场分为若干个子市场,根据自身战略和产品情况从中挑选出具有发展前景的子市场作为目标市场,并通过一系列的营销活动来进行产品定位。①

市场细分理论为媒介融合背景下的广告教学改革也带来了一定的启示。在这种新型教学模式中,来自不同背景、有着不同能力、不同秉性的网生代学生群体是知识需求的集合体,由专业教师在授课前先告知授课主题、留置课件,由学生自行去搜索和收集与课程相关的资料,在此过程中依据产生的问题和初步思考确定"目标市场"。回到课堂后经由老师对知识点进行梳理,引导学生进行小组讨论,通过师生间的答疑解惑共享对知识点的领悟和

---

① 纪华强. 广告媒体策划[M]. 上海:复旦大学出版社,2009.

启发,最终攻占"目标市场"。与传统的"因材施教"不同之处在于,这种教学模式是基于网生代对知识习惯主动获取、反馈迅捷、喜欢质疑的特点,并结合广告学实践先于理论这一学科特点,变因材施教为"因材共享",最终促进课堂内所有学生这个"大"市场的满意。但同时,这种教学法也有适用范围,即适用于《广告策划与创意》《广告案例分析》《新媒体营销与传播》等实践性较强、知识更新迅速的课程,且对授课教师的专业能力和课堂掌控能力有着较高的要求。

(二)尝试体验式教学,增强课堂吸引力

媒介融合一方面消弭了不同媒介形态之间的界限,另一方面也改变了传统媒体的角色,媒体由单纯的信息产品提供商延伸为提供多元信息服务的服务商,受众也由被动的接受者转变为享受媒介信息服务的用户。因此,在这种信息需求的转变下,应注重所传授"知识产品"的品质和使用体验,通过体验式教学来增强课堂的吸引力。体验经济,就是以消费者为中心,从生活与情境出发,围绕着消费者的切身需求来塑造感官体验与思维认同,从而改变消费行为并实现价值扩展。对于每一个消费者而言,体验经济所赋予的价值都是独一无二的。[①]迪士尼主题乐园与苹果专营店都是成功运用体验经济的典范。

围绕着网生代学生群体的性格特点和接触信息方式的转变,在广告教学中引入体验式教学法,可有针对地满足学生的个性化需求,强化课堂效果。以《新媒体营销与传播》课程为例,首先,由教师结合新媒体营销的相关理论和行业的发展前沿,对新媒体营销的行业现状进行深入挖掘,从理论价值和实践价值的层面筛选出一系列的研究主题,如传统媒体与社交网站转型盈利模式、社交媒体营销、新媒体广告等。然后,将选题发布到网络教学平台上,构建体验型教学所需的情境,由学生根据各自的兴趣、能力和知识结构,选定主题后组成讨论小组,收集资料并提出问题。由教师通过教学平台监控并指导小组讨论的全过程,并对疑问予以解答。第三步,在课堂上以小组为单位进行陈述,展示研究成果,同时在课堂讨论中进一步完善内容,并

---

① 〔美〕约瑟夫·派恩,詹姆斯·吉尔摩. 体验经济[M]. 夏业良,鲁炜译. 北京:机械工业出版社,2008.

将成果发布在课程网络平台上实现共享。整个课程设计遵循学生的个体兴趣、态度、知识结构和信息需求,重视学生在整个情境中的自我参与、自我体验与自我感受,将学生的个体需求与个体收获作为衡量授课效果的标准,从而增强专业知识的认知、重复与记忆效果。

(三)满足市场需求,培养全媒体广告人才

媒介融合不仅改变了媒介市场的业态结构和媒介生态,也带来了人才市场需求的变化。一些高水平大学广告专业和传播专业的毕业生,不再将传统媒体作为就业和发展的主要出路,一些高等院校和研究机构也开始成立新媒体研究院,产学研合作培养新媒体人才。因此,为了顺应媒介市场的变化与人才市场的需求,在广告人才培养方式上应该按照新媒体企业的运营特点和新媒体营销的特征进行改革。如配合 4A 公司的内部分工结构,将广告课程分为 ATL 线上营销能力、BTL 线下营销能力和 OTL 在线营销能力三大部分,[①]其中线上能力的培养包括《广告创意与策划》《广告媒体研究》《品牌学》等课程,重点培养学生对于市场的分析和洞察能力,对于广告活动规律的把握和策划能力,对于媒介组合与媒介排期的操控能力;线下广告能力的培养包括《公共关系学》《广告消费心理》《消费行为研究》等课程,培养学生在洞察消费者心理和行为的基础上,进行整合营销传播以及其他辅助形式的策划能力;在线广告能力的培养包括《新媒体营销与传播》《网络广告设计》等课程,重点培养学生对体验经济、病毒营销等新媒体营销模式的认知,以及对点击、转发、互动、共享、订制等网络传播手段和技术的掌握。由此可见,进行新媒体课程体系改革并不是在原有以传统媒体为中心的广告课程之外单独增加一两门新媒体的课程,而是将"用户至上,体验为王"这一互联网思维贯穿所有课程体系中,训练学生的反应能力、整合能力、批判意识与创新意识,培养出认知全面、术有专攻、能动适应的全媒体创新人才,以顺应媒介融合的业态发展与人才市场的需求。

---

① 赵琼. 数字时代广告学高等教育的变革与创新[J]. 新闻世界. 2010(10).

四、结　论

东京经济大学的教授八卷俊雄在谈到信息化社会中的广告创新时认为："丰富的信息在创意活动中,不仅能够提高构思产生的效率,而且能够改善构思的质量,构思或广告的质量与倾注的信息量是成正比的。"这就要求在广告教育中,既要发展学生的个体能动性,又要适应变革中的组织的创造性,加强学生对于新知识的处理和应用能力。伴随着新媒体的普及而成长的高校学生,无论从知识的获取方式、新知的习得途径、关注的兴奋点和遗忘、强化规律上,都与传统媒体环境下培养的学生大不相同,这些都给传统的广告教学带来了不小的挑战。因此,针对网生代学生群体的性格特征、信息使用特征和媒介使用习惯,本研究提出了改革广告学人才培养模式的对策。首先,改变传统课堂没有区隔的教学方式,利用市场分析理论开展定制式教学,从而满足不同层次学生的知识需求。其次,注重所传授"知识产品"的品质和使用体验,通过体验式教学来增强课堂的吸引力,重视学生在学习中的自我参与和情感体验。再次,顺应媒介市场与人才市场需求的变化,按照新媒体的运营特点与新媒体营销的特征对课程设置进行调整,培养具有全媒体、大策划概念的广告创新人才。

(本文系湖北大学研究生教育教学改革项目"新闻传播学研究生教育国际化的探索与实践"部分研究成果,项目编号:520150017)

数字营销时代广告教育的变革

秦雪冰

摘　要： 数字技术成了当下广告产业面临的最主要的技术环境，数字技术引起了广告产业的颠覆与蜕变，广告产业的虚拟化与融合化是数字营销时代广告产业的特征。广告教育要面向广告产业与广告市场，在这一背景下，广告教育存在广告课程设置滞后、数字营销课程难以融入旧有课程体系、广告课程设置窄化、教师知识体系的落后等问题。数字营销时代广告教育的变革包括用互联网思维重塑广告教育理念、广告课程设置体现数字营销的特点、培养数字营销创意能力、扩大广告学的专业外延等四个方面。

关键词： 数字营销；广告教育；变革

互动通控股集团总裁邓广梼说："在网民数量达到 5 亿的今天，广告主对营销媒介渠道和营销手段的认知、选择发生了翻天覆地的变化，没有哪个营销从业者可以忽视这个市场，也没有哪个广告主可以完全不顾数字营销市场的投放份额。"数字技术成了当下广告产业面临的最主要的技术环境，对于广告产业，这是一个颠覆和蜕变的时代。数字技术促进了广告产业的虚拟化与融合化，广告产业的虚拟化与融合化促进了广告形态的变革，例如在数字技术驱使下广告投放的精准化、广告投放的自媒体化，消费者广告收看的移动化与智能化、广告形式的互动化与虚拟性。以大众传播和市场营销为核心的广告传播理论体系正受到数字营销的冲击。回应广告产业与广告市场的需求，传统的广告教育面临着巨大的挑战，广告教育亟待变革。

一、数字营销时代的广告产业

(一)广告产业的虚拟化

1.虚拟生存

尼葛洛庞帝曾经戏称:如果我们要颁发本世纪"最佳矛盾奖",那么"虚拟现实(Virtual Reality)"一词可以稳登榜首。这不仅仅是句戏言。数字化魔力造就的虚拟现实已经逐渐向我们的生活渗透。虚拟现实是20世纪末人类所有发明中最奇特的一种技术手段。

相对于其他技术手段,数字化最大的优势在于可以储存海量的信息,并将这些信息以更加丰富全面的符号形式展示出来。数字技术带给人们的,不再只是平面化的影像,而是借由虚拟方式建构起来的立体化、实物化形象,甚至于进入了人类社会实践的领域,发展成为完全有别于现实生活的虚拟生存。"大众传媒将被重新定义为发送和接收个人化信息和娱乐的系统……地球这个数字化的行星在人们的感觉中,会变得仿佛只有针尖般大小。我们经由电脑网络相连时,民族国家的许多价值观将会改变,让位于大大小小的电子社区的价值观。我们将拥有数字化的邻居,在这一交往环境中,物理空间变得无关紧要,而时间所扮演的角色也会迥然不同。"①

虚拟生存是与现实生存相对应的概念,人的现实生存是最基本的生存方式,这一方式的基本规定有两个:第一,人们面对的是活生生的人(比如想飞行受到人体结构的限制;想登山受到体力的限制);第二,现实的生存有着很多"硬性"的限制,这种"限制"不仅来自于自然还来自于社会(比如你想去旅行、想买豪宅受到自己财力的限制;想在一个群体中成为领导者受到他人认可的限制;做错了事想重新开始受到时间不可逆性的限制)。不管是人的"沟通"问题,还是"虚拟生存"问题都需要数字技术来解决。目前人类正在进入"虚拟生存"的阶段。数字化技术不仅改变了人类的实践能力,也改变着人类的生存方式和理解世界的方式。

---

① 〔美〕尼古拉·尼葛洛庞蒂:数字化生存[M]. 胡泳,范海燕译. 海口:海南出版社,1997:15-16.

虚拟世界也许比现实世界更加复杂、完美和奇妙无穷。在感觉上如此逼真，进入这个世界的人决不会感到这是一个虚拟的世界，因此，我们很难用类似"逼真"或"虚构"一类形容词来描绘这个世界，虽然从现实的层面来讲它是虚拟的，但我们更愿意称它为虚拟生存。虽然再真实不过了，却是"可编辑"，可重来的。

　　随着技术手段的不断提高，虚拟现实技术对现实世界的模拟将渐趋完善，我们每个人都有着双重的身份，一个真实世界的身份，另一个虚拟世界的身份。也许我们将逐渐模糊这两个世界的界限，甚至这一界限将彻底消失。

2.广告产业的虚拟化发展

　　数字技术在广告产业的运用形成了广告产业的虚拟化发展。广告产业的虚拟化发展在互联网开始在中国兴起的20世纪90年代就开始产生了。并且在当时就已经有了互联网广告公司与互联网营销公司。好耶就是一个典型的案例。早在1998年，为了换回大量网站内卖不出去的广告位，好耶用自己开发的网络广告管理系统进行置换。随后，2000至2002年，本土网络广告代理公司快速发展，著名的好耶、华扬联众和世纪华美等本土网络代理公司也得到了发展。2002年，网络广告市场规模达到4.9亿，到了2003年，网络广告的市场规模急速增长，达到了10.3亿。现在许多知名的网络广告代理，例如创世奇迹、科思世通、博圣云峰、网迈等都是在2003年前后陆续出现。多数互联网公司盈利始于2004年至2005年前后，行业平均增长率高达70%以上，并且互联网行业迎来了风险投资的重新进入，使网络广告市场稳步增长。2008年到2009年，许多广告主逐渐接纳并青睐于网络广告这一新的广告形式。根据艾瑞发布的2011年度中国互联网广告核心数据，2011年度，互联网广告的市场规模增长到一个新的量级，达到511.9亿，较2010年增长57.3%。相比报纸广告市场规模的453.6亿元高出了58.3亿。艾瑞发布的2012年度中国互联网广告核心数据显示，2012年度中国网络广告市场规模达到753.1亿，较2011增长46.8%，艾瑞咨询发布的2013年度中国网络广告核心数据，2013年国内网络广告市场规模达到1100亿元，同比增长46.1%，与2012保持相当的增长速度，整体保持平稳增长。在网络广告高速发展几年之后，网络媒体的营销价值已经得到广告主的较高认可。随着移动互联网整体产业的快速发展和移动终端的更新迭代，移动应用广告快速发展,2011年中国移动广告市场规模达到了35.1亿元，环比增长53.3%.据艾瑞报告显示，在中国大陆,2012年移动广告市场规模达到63.2亿元人民币,相比2011年上涨161.2%.

(二)广告产业的融合化

市场融合表现为业务与技术等在不同市场的相互交叉与渗透。约翰尼斯指出,市场融合的主要特征是市场随着时间逐渐趋同。同时,融合在本质上是一种不稳定的过程,因为市场融合会破坏市场的边界。市场融合可以分为三个阶段:一是两个无关市场由于某种因素而促发融合并加速融合进程;二是在第一个阶段的基础上市场结构与企业行为相继发生变化;三是市场因技术或产品而发生关联,市场结构趋向稳定。它破坏了企业现存能力,并创造出新的能力。在市场融合的进程中,既有基于供给方的融合——基础捆绑和融合，也有基于需求方的融合——原先差异型的顾客趋于相似或面向多样化需求的单一交易。①数字信息技术是广告产业市场融合的技术基础,因为数字信息技术发生在产业的边界与交汇点，可以为众多的产业提供技术支撑,这也就提供了融合的基础,而之前的技术往往是发生在产业内部。如,存在着不同以及很大差异的技术屏障的广播电视与出版业,因数字技术导致其产品趋于一致,即数字媒介产品。

降低交易成本是数字技术促进广告产业融合化发展的作用路径。交易成本主要是指企业之间产生交易所带来的成本,主要包括了搜寻、信息、议价及决策的成本。数字营销、公关、活动、广告、咨询等都是广告主品牌传播或信息传播所需要的业务。而目前来看,这些业务主要由不同性质的公司进行承接,分属于不同的产业。而在广告主的信息传播活动中,业务类型越分散,与之进行业务接触的承接者越多,其产生的交易成本也越大,这是因为搜寻不同业务类型及其信息的搜寻成本、与不同承接者之间的信息传播与交换成本、与不同承接者进行讨价还价的议价成本和决策时内部协商协助的内部成本都较高,在数字技术的支撑下,原本广告、公关、活动、广告、咨询等分属于不同产业的业务类型逐渐集中,广告产业的市场融合就发生了。例

---

① 转引自李怀勇. 信息化时代的市场融合[M]. 北京:经济管理出版社,2008.

如,蓝色光标传播集团从最初的公关领域,扩展到数字营销、公关、活动、广告等领域。2012年,广东省广告公司下属全资子公司广东赛铂互动传媒广告有限公司,专注于数字营销领域,除此之外,在其主营业务里也包括公关活动、促销活动等领域。

二、数字营销时代广告教育存在的问题

在数字营销时代,传统的广告教育模式必然存在着许多问题,作为广告教育中坚力量的大中专院校必须清醒地认识到这些问题,才能培养出满足市场需求的广告人才。

(一)数字营销时代广告课程设置滞后

自厦门大学1983年创办中国第一个广告学专业算起,历经30几年峥嵘岁月的广告教育取得了令人瞩目的成就。据不完全统计,目前全国有300多所大专院校开设了广告学专业,培养着数以万计的广告从业者。然而,在传统媒体时代建立起来的广告课程体系难以适应数字营销时代广告人才培养的需求,在一定程度上滞后于现实的发展。国内大中专院校的广告课程体系绝大多数是以传统广告行业的实践形态和作业方式进行相应的课程设置,在数字媒体时代,大多数的大中专院校只在原有的课程体系上添加一门数字营销或新媒体相关的课程,看似顺应了数字营销时代的人才培养需求,实质仍然停留在旧有的框架内,广告仍然被定位于传统媒体时代的思维内。在任何基于互联网、移动通讯或其他数字系统的软件应用都可以转化为广告媒介载体的数字营销时代,广告专业课程体系如何适应这样的变化?有学者提出广告学专业教育迫切需要增加新媒体形态创意能力培养的课程,这的确非常重要,但课程体系该如何形成。数字营销时代,广告教育自我的定位如何调整,究竟培养什么样的人才?怎样的人才才能适应现实的需求?这不仅是一个学术问题,而且关系到莘莘学子的定位、生存和发展问题。

(二)数字营销课程与旧有课程体系的融入

为了适应数字营销时代广告产业的发展,各大中专院校的广告专业课

程都在进行着自我调整与变革。在中外广告史、广告策划、广告创意与表现、广告媒介、广告公司运作与经营、广告伦理与法规、广告制作等课程基础上，无一例外地都增加了新媒体广告的相关课程，这或许是适应现实需求的一种课程设置变革，或许是迷思状态下难以解惑的一种盲从。但新的广告课程究竟该如何融入传统的似乎已成体系的广告专业教学大纲中，数字营销广告方面究竟应该开设哪些具体的课程，这些课程中究竟应该讲授些什么具体的内容……都困扰着当前的广告专业教育。而且，由于新媒体广告本身的繁杂与多变性，以及目前广告专业教师在新媒体广告方面的知识局限性，直接导致大部分学校的广告专业都只能开设概论性的新媒体广告课程。数字营销到底应该开设哪些相关的课程，这些课程与原有的课程体系如何融入是进行课程设置是必须考虑的问题。

(三)广告融合化发展与广告课程设置窄化

广告的融合化发展使广告、公关、活动、咨询等分属于不同产业的业务类型逐渐集中，广告产业的市场融合就发生了。与传统意义上的广告相比，大广告的概念逐渐形成。而目前广大的大中专院校建立起来的以广告创意与策划、广告文案写作、广告心理学、广告调查、广告案例分析等为主要课程的课程体系，显然不具有包容公关、咨询、活动等领域的内容。我们可以称这一现象为广告学课程设置的窄化，这一现象与数字营销时代广告融合化的趋势是相背离的，以原有的课程体系培养广告学的学生必然不能适应市场发展的需求。

(四)教师知识体系的落后与优化

正如丁俊杰教授在《我国广告教育存在的几个问题》中所指出的，"大部分专业教师教学经验、实践经验不足，只能照本宣科"，"很多教师生搬硬套际上的广告规则、广告理论、操作体系"。由于广告学教育在我国的发展历史相对短暂，目前从事广告专业教学的教师多由其他相关学科转行而来，大多数教师有着文学、历史、传播学、管理学、艺术设计等学科背景，并且多数是从学生身份直接转化为教师身份，既缺乏长期系统的广告学学理性研究，又缺乏广告相关领域的实践认知经验。数字营销时代，使我国广告教育原本师资短缺的境遇雪上加霜。即便具有广告专业功底的教师也存在着知识结构单一、陈旧,广告的思维逻辑仍然围绕着传统广告领域展开,不能与时俱进地学习新知识、了解新事物。面临着新媒介环境变化和新广告传播形态变化的挑战,我们的知识结构如何优化,我们在努力进行理论知识的学习和更新基础上,如何丰富和增强广告相关领域的实践认知,以更完整的知识体系培养即将面对数字营销时代的广告学子?

三、广告教育的变革

(一)用互联网思维重塑广告教育理念

1913 年,密苏里大学(University of Missouri)创建了美国第一个广告专业。从建立伊始,与行业接轨、进行全方位的产学互动就成为该校教学的基本理念。随着媒体技术和广告发展的需要,他们在广告专业的基础上成立了密苏里大学策略传播系,这也成为现代广告教育的新名词之一,这一改变体现出该校的前瞻性和对互联网技术带来的深刻变革的认同。美国广告教育理念有两个明显的特色,一是重视综合技能和应用素质的教育,二是注重理论素养和创新能力的培养。在数字技术支持下,各种新媒体层出不穷。可以说任何基于互联网、移动通讯或其他数字系统的软件应用都可以转化为广告媒体资源。除了传统的网站页面横幅、搜索引擎等网络广告形态外,基于各种应用程序的广告新媒体发展更为迅猛。广告形态的创新对广告教育提出了两方面的要求。首先,要求广告教育中对于传统广告形态划分的更新,不能再简单地为学生介绍报刊广电网络这种粗放的广告形态知识,而应更具体地将各种具体微观的广告形态作为案例给学生分析,让学生直接面对广告行业的实际问题;其次,传统的广告创意课程多针对广告内容创意,如广告语、广告画面等,而当前的广告创意除包括对广告内容的创意外,更重要的是对广告形态本身的创意,即学生要同时掌握广告形态及与其相适应的广告内容创意的能力。

(二)广告课程设置体现数字营销的特点

在大数据面前,广告教育受到了挑战,广告实践性的特色也随着网络数字技术的发展而发生深刻变化。互联网使信息更为公开和透明,信息内容呈现出几何级数的增长。传统零售业和网络行业的融合带来了新的营销模式,整个网络世界成为闭合的商业生态系统,用户的个性化、定制化信息需求越来越旺盛。面对行业的变化,课程体系的调整势在必行。《新媒体广告或者数字媒体广告、数字媒体整合、创意传播管理》等课程内容应该增进广告学人才培养方案之中。同时,要培养学生操控各种数字网络媒体的能力,广告创意和策划课程中要增加新媒体整合传播的内容,要培养学生在时事政治、历史、生活细节和网络热点中找出引爆点并进行整合传播的能力。在广告概论、广告调查、媒介策略等课程中将数字媒体技术和行业前沿知识的比重增加到50%以上,让课程结构得到优化。

(三)培养数字营销创意能力

在数字化营销时代,媒体形态已经发生了变化,各种新媒体逐渐成为广告行业最重要的使用平台。基于网络的应用推广,新兴的媒体拥有了广阔的发展空间,传播空间和范围的扩大,影响力也在不断加大,形式微小简单,使用广泛的新媒体已经逐渐成为广告行业的重要媒体资源,而对这些新媒体的管理并不如传统的报刊广电那样严格,各种机构均可以通过专业手段开发新媒体投入市场,商业网站和应用软件开发商是这些机构中的主要力量,他们不断将基于网络的应用推向更广的空间,这里的网络包括传统的互联网和日益扩张的移动网络。一个很小的应用一旦被用户广泛接受便可以成为一种优秀的媒体资源,给营销活动提供四两拨千斤的机会。基于此,在广告学教育中迫切需要增加关于新媒体形态下的创意能力、创新能力培养的课程。这类课程应该包括两个环节。第一,是要让学生了解和认识新媒体形态的发展现状,明晓网络应用功能得到迅速扩张的原因。在此基础上,注重创新思维的培养和锻炼,真正打开学生的眼界和思路,使创新意识融入学生的全部学习活动之中;第二,在此基础上,要让学生了解新媒体形态创意的基本原理与方法,即用户需要研究、应用功能设计、开发方式选择、广告植入点设计、应用功能推广策略等。此类媒体形态创意的课程在香港的有关高校中已经成为广告学专业核心课程,在传媒形态日新月异的当今,大陆地区广告教育也应该与时俱进,积极培养学生的媒体创意能力,以便学生应对广告行业的巨大变革。

(四)融合化的广告专业定位

武汉大学张金海教授指出,广告学科面临两种选择,一是顺应广告业的整合营销传播趋向,模糊广告学的专业边界,从广告学走向整合营销传播;另一种则是在坚守广告学专业核心内涵的基础上,扩大广告学的专业外延,重构广告学的知识框架。这两种选择实质是强调在扩大广告学的内涵与外延基础上,将广告教育的价值取向转型为培养具有"整合营销传播"能力和素养的人才。舒尔茨教授所提出的"整合营销传播",其核心是强调把广告、促销、公关、直销、CI、包装、新闻媒体等一切传播活动有机整合,将统一的资讯传递给目标公众,形成公众对品牌的认可与忠诚,从现实来看越来越多的广告公司更名为整合营销传播机构。不论是从理论还是现实来看,广告学必须扩大其专业外延,不再拘泥于传统的广告策划、广告创意的领域,而是向融合化领域延伸。广告教育的这一定位转型,也将促使学生对自我进行新的认识与定位:不是要成为广告设计与表现的专家,而是要具有整合营销策划和传播中的战略制定能力、策略思考能力、创意思维能力、清晰表达能力、设计鉴赏能力与整合传播能力。传统囿于广告作品策划、制作与发布的人才培养模式往往局限了学生的思维和就业平台,融合化的专业定位明确强调了学生的努力方向,也对接了全媒体时代各种社会组织对专业的信息传播人才的日益增长需求。

参考文献:

[1] 〔美〕尼古拉·尼葛洛庞蒂. 数字化生存[M]. 胡泳,范海燕译. 海口:海南出版社,1997:15—16.

[2] 李怀勇. 信息化时代的市场融合[M]. 北京:经济管理出版社,2008.

[3] 郑苏晖,孔清溪.广告教育:变革期的反思[J]. 现代传播,2010(2):124.

[4] 舒咏平. 新媒体广告趋势下的广告教育改革[J]. 广告大观(理论版),2008:84.

[5] 陈培爱. 数字化时代中国广告教育改革的思考[J]. 广告大观(理论版),2011(8):31-36.

[6] 初广志,李晨宇. 数字媒体时代已来,广告教育亟待转身[J]. 广告大观(综合版),2013(2):33-34.

大广告时代广告产业与广告教育发展探讨

章　俊

摘　要：随着业界实务操作中线上广告与线下促销的日渐融合，终端意义的扩大化，传统广告的内涵与外延均有延展之意，特别是新媒体的兴起，改传统的单线传播为双向沟通，大广告时代真正来临，而整合营销传播则为之到来奠定了坚实的理论根基。在大广告时代，广告产业也必将通过资本运作，实行资源整合、优势互补、风险共担，形成强势广告集团，实现规模化经营，依托综合实力提升广告产业的整体服务和竞争水平。而另一条路是以专业化取胜。很多新兴广告公司开始以某专项服务，力求在广告策略的某一环节上进行纵向的发展。广告产业的发展中广告人才的教育是关键。当前中国广告教育需以弄清教育的培养目标和教育定位，提升师资专业水平，设立开放式的课程体系为要。

关键词：大广告；广告产业；广告教育

当今世界经济正以势不可挡的趋势朝着全球市场一体化、企业生存数字化、商业竞争国际化的方向发展，以高新技术及信息产业为基础，以满足消费者的需求为核心的新经济迅速发展。新经济的发展要求新时代的营销手段必须创新。与之相适应，作为营销重要手段之一的广告传播理论也必须随着营销观念、营销组织及营销管理等进行创新。

一、大广告时代

张金海教授曾在其主编的《广告学教程》中说："所谓现代广告，应该是包括整体运动在内的扩大了的广告概念。"[①] 这种扩大了的广告概念笔者以

---

① 张金海. 广告学教程[M]. 上海：上海人民出版社，2003.

为可以从以下几个方面来理解：

(一)终端意义扩大化,线上线下相融合

上海奥美行动营销董事总经理马捷认为："线上和线下的界'线'会变得越来越模糊……精彩的品牌传播不会仅仅基于电视广告创意，一个公关活动、事件营销、赛事赞助或者创意性的媒体运用，都能主导一个具有深远意义的传播活动。以往线上和线下策略操作相对分离情况，会逐渐被整合后的'渠道规划'这种新概念而取代。"①

大规模的促销活动曾经被业界认为是企业忽视品牌建设、重视短期效应的做法。而随着促销内涵有所扩展，越来越多的企业从品牌维护的角度去考虑促销活动，在其中附加了品牌的内容。企业会精心策划和寻找促销主题，这个主题为整个品牌服务，将品牌建设与终端促销紧密结合在一起，呈现促销活动促进品牌建设之趋势。正如杜国清所说："线下广告的出现标志着广告领域变革新趋势的出现，其重要特征即:促销要素融合化发展，广告内涵有扩大趋势。这种变革趋势是全球性的，这种形势下的广告主也因此被称为新时代的广告主。他们重新确定了广告的意义，改变着销售费用的分配，改变着与消费者的沟通方式……"②

(二)新媒体引发广告内涵新拓展

随着数字化的新媒体强势崛起势不可挡，美国《广告时代》的副总裁 Joc Cappo 感叹："现在广告业发生了一场规模巨大的革命，这场革命发生在美国，但影响了许多其他广告和媒体较发达的国家。"③这种新革命表现在:其一，传统的纸质媒体与新媒体融合，变身为新的媒体形式;其二，影响巨大的电视媒体演变为数字电视，传统的电视广告失去存在前提，而悄然兴起的则是专门化的电视购物频道;其三，网络广告也蜕变为品牌信息、产品展示体验、电子商务一体化，与传统广告大相径庭;其四，信息与 3G 手机界面整合，催生出受众个性化的信息定制与智能选择。由以上四点的推动，传统意义上

① 马捷. 线上和线下日渐模糊的界"线"[J]. 中国广告,2010(12).
② 杜国清. 广告即战略——品牌竞合时代的广告观[M]. 北京:中国传媒大学出版社,2004.
③ [美]乔治·E. 贝尔齐等. 广告与促销:整合营销传播展望[M]. 大连:东北财经大学出版社,2002.

的广告存在方式以及所支撑的概念及内涵也会随之有所扩大。为此陈刚教授提出"后广告"的概念,他说:"我们之所以提出后广告的概念,只是为了表明作为一个怀疑者、思考者,同时也希望是一个建设者,那就是在受到网络时代各种新的因素不断渗透与影响而不断变化的广告空间里寻找并探索一个新的世界秩序与生存逻辑……"①我们可以发现:作为广告主的企业已经不单纯地将商业信息的发布寄托于传统的媒体广告,却越来越多地付诸可自我掌控的、付费支出方式多元化的会展、活动、终端以及新媒体或关系营销。

(三)整合营销传播为大广告时代提供理论背景

从消费者的角度来理解,今日的"广告"也早已不是当初大家所以为的"广告"了。舒咏平教授认为 IMC 的主要内容有二:一是强调从消费者需求出发,从沟通意义上展开营销活动;二是强调把广告、公关、CI、促销、直销、包装、新媒体等一切传播均归属于广告活动使企业能将有关的信息统一口径地传播,即"用一个声音去说"。②所以,在一次调查中,消费者将102 种不同媒介判为"广告",从电视到购物袋直至受人赞助的社区活动,无所不包。③

在整合营销传播时代,广告传播不再像全面服务时代和传播分离时代那样仅仅涉及与企业营销活动有关的部分传播活动——广告活动。其内容从单纯的广告活动扩展到了与企业市场营销活动有关的一切信息传播活动。相应的,在广告运动的策略指导上,策略的整体性更加明显,不仅涉及广告活动的策略,更关系到企业的所有对外信息传播活动。由此,广告运动的复杂性空前加强了,广告传播内容的扩展和策略整体性更趋鲜明。

二、大广告时代与广告产业

当前,我国广告业正处于转型升级之中,大广告产业形态是其必然发展趋势。20 世纪 90 年代以来,数字化技术、通信技术和计算机技术的迅速发

① 陈刚. 新媒体与广告[M]. 北京:中国轻工业出版社,2002.
② 舒咏平. 小众传播时代广告战略的选择[J]. 现代广告,2009(1).
③ 〔美〕威廉·阿伦斯. 当代广告学[M]. 北京:华夏出版社,2013.

展,使其以技术支撑的诸多行业之间的边界正在由清晰走向模糊。许多新的业态应运而生,形成新的经济增长点,并直接改变了传统的产业结构,以顺应行业边界模糊的发展趋势。在此背景下,广告产业正在吸纳一切具有生命力的新兴媒介技术优势,对各类媒体进行优化组合,并打破与促销、公关、CI等营销传播产业之间的界限,朝着一种高度整合的大广告产业方向发展。大广告产业就是指"基于营销传播领域的产业融合所形成的跨越传统广告产业边界的产业形态"。[①]传统广告产业结构在向着大广告产业进行调整与优化的过程中,广告产业的外延不断地集聚与规模化,产业内部却进一步细分,从而产生很多新兴的服务部门,如管理咨询公司、公关公司、媒介购买公司、促销公司、市场调查公司、互动营销公司和事件营销公司等。这些新兴服务部门的要求对专业化与技术化要比以往高得多。

因此,广告产业将在既有经营模式的基础上,以资本运作为前提,发挥广告的主导作用,整合目前各种为企业营销传播服务的形式。首先,从横向角度来讲,要力图打破媒体界限,吸纳一切具有生命力的、新兴的传播及技术优势,对各类媒体进行优化组合,运用能被受众接受并能够与之形成互动的方式,传播有关于广告主及产品的信息。其次,从纵向方面而言,以具有实力的大型本土广告公司为龙头,以整合为手段,打破广告与促销、公关、CI、包装等营销上下游产业的界限,大力发展广告与动漫、网游、商业电影等文化娱乐产业、文化创意产业的合作,与上下游及周边产业进行技术融合、组织融合和需求融合,以满足企业的需要,适应新的市场环境,从而在产业融合中实现产业结构的调整和优化,为新的广告传播形态的形成创造条件。

总之,中国广告产业经过改革开放20多年的发展,已形成相当规模。但是数量不断增长,质量却没有飞跃。中国广告公司的规模普遍较小,难以抵御世界跨国广告大鳄的进攻,尤其是在大广告时代,中国广告产业要实现超常规发展,必须突破原有产业运作模式,一是要走大资本运作的道路,二是要根据变化的广告市场环境,适时调整广告公司的核心业务。[②]然而无论走哪一条路,广告产业作为一种知识智能型的行业,成长完全以人为本,智慧资源是构成广告公司核心竞争力的重要因素。所以,优秀的广告人才对于本

① 程明,姜帆. 整合营销传播背景下广告产业形态的重构[J]. 武汉大学学报,2009,7(4).
② 张金海,廖炳宣. 用创意创新广告产业[J]. 广告大观,2010(3).

土广告产业的发展至关重要。而广告人才的优劣直接取决于广告教育。

三、大广告产业形态对广告教育的要求

我国高校广告学专业创办 28 年以来，已从量的扩展升级为质的提高。现代"广告"的内涵已经从传统的硬广告拓展为以整合营销传播为主旨的"大广告"，这种理念需要也应同期在高等院校广告学专业的教学和课程体系中得到反应。

（一）大广告产业形态下广告教育现状解读

中国大陆高校广告教育经历 20 年发展，硕果累累，广告教育发展正在从"高速"走向"高质"，这是广告学科发展的必然趋势和内在要求。然而，成绩掩盖不住中国广告教育的软肋问题，特别是广告教育发展速度和广告产业发展速度失衡。如何适应行业需要，改革广告教育模式，提高广告教学质量，仍然是一项迫在眉睫的艰巨任务。

中国传媒大学丁俊杰教授在谈到中国目前的广告教育时说："目前的广告教育，要么是纯理论的，要么是完全教一些技巧，这两个问题是最可怕的。"[1]在大广告产业形态下，实践教学应从专业化转向综合化。而目前一般的广告学专业实践教学条块分割，只注重某项专业化内容的训练，忽视广告实践活动的整体性和关联性，直接影响到学生知识、技能的拓展，造成人才技能的单一化和肤浅化，难以在创业实践中有大的作为。广告教育的这种失败很大程度上与广告教育的学科定位是密切相关的。丁俊杰教授认为，按广告的社会作用，广告教育的设置必须综合理论与应用实践各个方面，才能承担起社会对广告教育的需求。

（二）国外广告教育做法

由于各国在政治、经济和文化等方面具有不同的特质，当前世界广告教育强国的广告教育也由此而形成了各自不同的运作模式。一般而言，美国的

---

① 丁俊杰. 培养广告的专业境界[J]. 广告大观，2008(4).

广告教育模式主要为"大学式",英国的广告教育模式主要为"跨学科式",而日本的广告教育模式主要为"公司式"。①

美国广告教育由于深受通识教育观念的影响,其注重培养的是具有综合技能和知识的专业人才,而非窄口径的专门人才。当然,现在有一些教育家和业界人士对广告教育过于职业化的倾向有所诟病,开始向理论基础素养与职业技能并重的趋势转化,这一趋势值得我们注意。

美国有一个专门的广告教育基金会组织(AEF)。AEF 在教师资源中有两个主要的计划:一是广告讲座,即广告专业人员在全国高校范围内给学生及教职人员开办讲座;二是教授访问计划,即专职教师到广告代理机构或传媒公司进行为期两周的实践学习,以便教师能更透彻地了解业界,而业界则有机会与学界建立密切的关系。

日本的大学一般不设广告专业,仅开设广告讲座。目前日本的广告教育主要分两部分进行,即"广告理论"一般在大学的讲座中学习,"广告实务"通常在广告公司里解决。电通公司是日本最大的广告公司,拥有大量优秀的广告人才,这与电通公司的"公司式"的教育模式分不开。它采取的是"公司内部培养"与"公司外部培养"相结合的方法。前者为主,后者为辅。

(三)中国广告教育发展路径

通过以上的梳理,笔者以为可以从以下几个方面来思考:

第一,高校广告教育的培养目标和定位。当下的中国广告教育,无论是培养目标还是课程设置,普遍存在着重技能、轻素养的倾向,在广告学专业教育中,一般的实用性的技能操作教育占据了相当的比例,远远没有到达学理与素质浸润这一境界。诚然,人才市场对广告专业毕业生具有快速成村的迫切要求,作为对广告人才的基础培养,实践性是广告学教育的本质性要求,但是这里所说的实践性并不是将广告简化为一种只是偏重于操作性的"推销术"。对于大广告业形态下的广告教育来讲,我们需要认真思考的是:大学广告教育是重在培养业界急需的"上手快""动手能力强"的"新生代",还是具有较高科学素质能为企业带来长远竞争力的"蓄电池"?

---

① 查灿长. 美日广告模式简析[J]. 新闻界,2010(3).

另一方面,在高校广告教育的定位上,中国现有的广告教育既肩负着广告理论传授的使命,还兼顾着职业教育中制作和操作教育的使命。于是,广告教育目前的通病就是:院校广告教育与职业教育混淆。学校单方面地承担广告教育,封闭的教学模式影响了广告人才的能力培养。而在国际上,广告教育则有着良好的社会分工,即广告教育机构完成广告理论与广告研究的教育功能,广告公司则承载着广告从理论转化为应用的方法技巧的功能,学界业界各施其长,广告人才处于一种良性的教育培养环境之中。

广告公司直接承接着广告运动全过程的作业,专业的广告公司是广告教育特别是广告实践教育的重要基地。随着政策的放开,世界跨国广告集团纷纷都在大陆建立了分部,它们已经成熟的严密的人才培养制度成为了目前中国广告职业教育中重要的一环。但仅仅依靠它们是不够的,一是数量上的不足,二是不能直接服务于本土广告业的发展。所以,我们应该借助相应的政策和行业组织,推动业界和学界的合作,共同完成这项任务。

第二,高校广告教育的师资力量。目前中国高校广告专业教师的知识结构单一,无法适应现代广告对专业化广告人才的需求,当代广告教育在塑造复合型专业人才的同时,对专业的广告教师提出了更高的要求。

在西方的大学教育中,有这样一种现象,很多教师是在公司或企业工作了一段时间后才回到学校当教师的,他们带给学生最新的社会实践信息,让学生切实感受课程中的实践乐趣。当然,这种现象并不一定适用我们目前的这种教育体制,但这确实是教育的一种发展趋势。

美国广告专业师资的业界经验较为丰富,我国在这一方面差距较大,短时期内无法迅速改变,故邀请业界人士走进校园、鼓励教师走出校园是目前比较可行的办法。比如广告教育界人士与实务界人士联合开展广告定量研究,能够使我国广告理论研究上到一个新的台阶。再比如借助相应的行业组织,力争使学界与业界间的交流定期化和经常化。如定期举办"广告高级论坛",聘请业界精英、杰出的高级经营管理者、优秀策划创意人员及媒介分析专家讲座,让师生经常了解业界最新的实务消息。

第三,建立开放式课程体系,完善学生知识结构,注重素质与能力培养。美国科特勒营销集团总裁米尔顿·科特勒在《广告的悖论》一文中指出:业界不需要只具有专业知识技能的毕业生,而教育界无法培养出具有宽广知识面和具备多种技能的广告毕业生。因此，教育者有责任培养学生去追求事业，而不是追求一个永久锁定于技巧上的工作。也就是说，科特勒先生更强调广告专业的通识教育。

因此，广告教育必须革新课程设置，以一种开放性的课程体系培养宽口径、厚基础、复合性、创新型的专业人才。而要实现这一目标，必须设置开放性的课程体系，体现广告专业边缘交叉的学科特性，同时密切关注消费动向，敏锐把握新媒介技术的运用，做到综合性与前沿性相结合，素质教育与专业培训相结合，培养学生专业的广告思维、辩证思维和创新能力。

同时要注意的是，大广告产业中，"各分散的广告公司或营销传播服务公司可以专注于某领域或某市场的业务，形成自己核心的专业优势"，[①] 因此，我国各高校可以打破传统大而全的模式，从专业优势的角度进行广告教育，使各种专业人才能适应广告产业发展的集聚化与专业化的要求，推动广告产业转型与发展。

总之，中国广告教育要与产业接轨，跟上国际经济社会发展的步伐，就不能把眼光仅仅停留在培养几个暂时容易就业的"专才"上，而合理、科学的广告专业课程体系设置不仅要有本学科合理的课程体系，还应充分考虑广告与其他学科的关联和发展趋势，在突出主干学科的同时，配以支干学科的辅助，这样才有望克服广告教育中"杂而浅表"的弊病，提高专业人才的素质。

① 张金海,廖秉宜. 中国广告产业发展的危机及产业创新的对策[J]. 新闻与传播评论,2010.

文学类课程对新闻传播人才培养的价值分析

薛 梅

摘　要：近些年来，一些高校在修订新闻传播学类各专业培养方案时，倾向于压缩文学类课程的学分、学时，甚至将文学类课程从培养方案中直接去掉。笔者认为，文学与新闻学是"学""术"互补的两个学科，新闻学与文学都与社会生活息息相关，新闻中有诸多文学的话题，文学话语为新闻话语系统构建提供了借鉴，文学元素有助于新闻文体形式的丰富、有助于增强新闻传播效力。同时，在新媒体环境下，新闻与文学呈现出积极互动的新现象，因此，新闻与文学的密切关系决定了文学类课程对高校新闻传播人才培养的重要价值。新闻传播学类专业师生应当从学科体系上把握住新闻学与文学的关系，从教学理念上让学生认识到学习文学类课程的目的和意义，从教学方法上让学生体会到参与该课程学习的兴趣，从而增强学习的主动性和积极性，并通过文学类课程学习，促进新闻理念和新闻业务等专业素养的加强和提高，从而在人文底蕴上、在新闻实务的文学技巧上提高新闻专业教学质量和人才培养质量。

关键词：新闻；文学；课程设置；"学""术"互补

高校新闻传播学类各专业的培养方案中，大多开设有《中国古代文学史》《中国现当代文学史》及相关作品选等文学类课程，但在各高校的实际教学过程中，相关学院和任课教师发现，学生对这类课程的开设意义没有明确清醒的认识，始终认为这些文学类课程与所学新闻传播学类专业毫无关联，再加上这些课程的课程性质和传统的教学方法导致课程的枯燥乏味，由此直接影响到教学效果和学习效果。因此，近些年来，一些高校在修订新闻传播学类各专业培养方案时，倾向于压缩文学类课程的学分、学时，甚至将文学类课程从培养方案中直接去掉。那么,新闻传播学类专业的学生到底有没有学习文学类课程的必要性呢?因为学生不愿意学就简单地将这类课程移出培养方案的做法是否合理呢?

笔者认为,文学与新闻学是"学""术"互补的两个学科,新闻学与文学都与社会生活息息相关,新闻中有诸多文学的话题,文学话语为新闻话语系统构建提供了借鉴,文学元素有助于新闻文体形式的丰富、有助于增强新闻传播效力。同时,在新媒体环境下,新闻与文学呈现出积极互动的新现象。因此,新闻与文学的密切关系决定了文学类课程对高校新闻传播人才培养的重要价值。那么,如何让新闻传播学类专业学生从学科体系上把握住新闻学与文学的关系,从教学理念上认识到学习文学类课程的目的和意义,从教学方法上体会到参与该课程学习的兴趣,从而增强学习的主动性和积极性。真正把学生留在课堂,并通过文学类课程学习,促进新闻理念和新闻业务等专业素养的加强和提高,这应该是高校新闻传播学专业文学类课程任课教师需要在教学实践中进行思考和探索的重要课题。

一、文学与新闻传播学在学科体系上的"学""术"互补

为明确新闻传播学类专业学生学习文学类课程的目的和意义,消除学生对此类课程学习的排斥心理,提高教与学的积极性,从而保证教学效果和学习效果,首先可以尝试从学术角度来帮助同学们理解这类课程对于其专业学习的重要性和必要性,在新闻传播学类专业学生中渗透"学""术"互补的教学理念。

所谓"学术",可以理解为"学"与"术"的融合。"学"侧重于学问、学识,"术"侧重于技术、本领、业务。新闻传播学类所包括的新闻学、广告学、广播电视新闻学、传播学等几个专业都是以应用为主的学科,重在"术",重在新闻、广告、广电、传播业务的学习。但"学""术"并提,"学术"不分家,要更好地掌握"术",就必须有"学"来做基础。《中国古代文学史》《中国现当代文学史》及相关作品选等文学类课程恰恰属于"学"的范畴,重在培养学生的学识、学养,培养学生对人生的感悟能力和面对问题的思辨能力与独特视角。因此,要学好新闻传播学这门"术",就必须要有文学

这门"学"的功底来打造广博的知识基础和深厚的人文底蕴,这才能让新闻业务做得更有厚重感、有思想性,有人文价值的关怀。此即为"学""术"互补的教学理念。

2013年7月31日,郑州大学新闻与传播学院副教授赵智敏博士写了一篇专访香港城市大学媒体与传播系李金铨教授的文章,题目叫作《学术的生命在于与生命同行》。文章中赵智敏问李老师:"您早年在台湾读书的经历以及后来在媒体工作的经历,对您后来的学术有什么影响?"李教授说:"每一份职业都有神话的成分,空中服务员叫作'空中小姐',护士叫作'白衣天使',做新闻记者的人都有一种英雄气概,有使命感,想为民喉舌。"① 所以李金铨教授后来选择了新闻系。不过他说:"我想念新闻的人总是对文学感兴趣,喜欢写文章的。我念初中的时候,从乡下到镇里面念书,所有的时间都泡在图书馆里,东看西看,看到最后留级了。靠自己摸索,乏人适时指导,我一辈子都有看各种杂书的习惯。"② 所以李教授最后总结说:"无论哪个国家的新闻学研究都需要有人文底蕴,要有人文价值的关怀,如果连这个基本信念都没有,新闻就成了八卦,何必浪费生命呢?"可见,李金铨教授对于"学术"的理解,对于"学""术"互补理念的认同,对于文学与新闻学的关系是高度肯定并身体力行的。

教育部2012年9月修订的《普通高等学校本科专业目录(2012年)》中的学科门类和专业设置,新闻传播学类和中国语言文学类是同属于文学这个大的学科门类下的两个一级学科,相关专业本科毕业后均授予文学学士学位。这说明在学科体系上,新闻传播学终究是与文学不分家的学科。

因此,文学与新闻传播学在学科体系上的"学""术"互补教学理念特别适合于在新闻传播学类专业学生的文学类课堂上进行教学尝试。教师通过在课堂上对"学""术"互补的教学理念的宣讲与渗透,让新闻传播类学生明确学习文学类课程的目的和意义,变教师的强制灌输和学生的被动接受为教师的适当引导与学生有动力有积极性的学习,从而改变课堂上枯燥的教

---

① 赵智敏. 学术的生命在于与生命同行——访香港城市大学媒体与传播系李金铨教授 [J]. 新闻爱好者, 2013(7).

② 赵智敏. 学术的生命在于与生命同行——访香港城市大学媒体与传播系李金铨教授 [J]. 新闻爱好者, 2013(7).

学局面,提高教与学的效果。

二、新闻学与文学都是人学,都与社会生活息息相关

作为社会意识形态组成部分的新闻学与文学,都是对社会存在的反映,社会现实生活存在于文学与新闻学产生之前。因此,客观的社会现实生活是文学与新闻学的共同源泉,两者从人类社会诞生之初就与人类的生产、生活有密切的联系。关于文学,鲁迅先生说:"我们的祖先原始人,原是连话也不会说的,为了共同劳作,必需发表意见,才渐渐地练出复杂的声音来。假如那里大家抬木头,都觉得吃力了,却想不到发表,其中一个叫道'杭育杭育',那么,这就是创作……"形象地说明了文学的产生是与人类的社会性劳动生活密不可分的。中国古代文学中的早期作品如《击壤歌》中的"日出而作,日落而息,凿井而饮,耕田而食",如《诗经》中的《伐檀》《七月》等作品都反映出文学"饥者歌其食,劳者歌其事"的现实主义传统,在起源上就与社会生活息息相关。同样,新闻与新闻活动的产生也来源于客观的现实生活,是为了满足人们在社会生活中自身生存发展对信息交流的需要。在文字出现之前,人类为了彼此通报生活信息、交流生活经验、发出集结或疏散指令等,都要借助一定的媒介进行信息传递。如原始先民在狩猎中点燃火堆作为彼此传递交流野兽活动的信号,又如古人利用长城上的烽火台来传递敌情等,都体现了新闻信息传播是在人类社会生活的要求下产生的。因此,社会生活是新闻学与文学的共同本源。

高尔基曾提出著名论说:文学即人学。这个命题简单地讲,也就是,文学是对人性和社会的诠释。而新闻学也正是一个与人、与社会打交道的学科,不了解人,不了解社会,是没办法做新闻的,即使做了也是一名不合格的新闻人。从这个意义上来讲,新闻学与文学都是人学,都关乎人性,关乎社会生活。尽管文学作品中的故事都经过了艺术加工,但它同新闻一样,都源于社会中真实的人和事;尽管作者和作品中的人物都离我们很远,朝代、民族、国籍不同,他们却同新闻中的人物一样都是有血有肉有思想有情感有欲望的人。柴静《看见》栏目专访李阳家暴事件的节目中,李阳的妻子Kim 说:"中国人,美国人,我们的相似之处远多过不同,我们都爱我们的孩

子,我们都需要快乐的家庭,我们都希望更好的生活。"唐代大诗人李白在《把酒问月》诗中也曾说:"今人不见古时月,今月曾经照古人。古人今人若流水,共看明月皆如此。"在这里,我们也可以说,无论中国、外国,无论古代、现代、当代,亦无论新闻、文学,相似之处远多过不同,归根到底都在人与社会上殊途同归。

因此,在新闻传播学类专业开设文学类课程,有助于我们在文学作品中了解人性、了解社会,从而做好同样关乎人性、关乎社会生活的新闻实务。只有了解人才能打动人,了解受众才能打动受众,才能使你的新闻采访能够真正深入采访对象的内心而达到采访目的,才能使你的新闻报道更接近当事人的真实状态,才能使你的新闻评论更能挖掘出人性的本真和事态的走向,才能使你的广告文案更能具有抓住人心的意境和效果,才能使你做出来的电视节目更能从视、听等角度全方位捕捉和传递关于人、关于社会的最有新闻价值的新闻信息。

三、新闻中有文学话题,文学中有新闻题材

尽管新闻与文学存在创作主体的"直录"与"用情"、生活真实与艺术真实及发布发表的时效性等等方面的差异,但是在题材的构成方面,新闻与文学亦是你中有我、我中有你的关系,新闻中有文学话题,文学中也不乏新闻题材。

首先,新闻中的文学话题比比皆是。如,明代汤显祖的《牡丹亭》,2004年由白先勇改编的《青春版牡丹亭》在国内外巡回演出引起轰动,引发了中国观众特别是以大学生为主体的青年观众对传统文化的喜爱以及世人对中国昆曲的关注,这是传播的力量。当时各大媒体对这一文学事件争相报道并发表评论文章、制作专题新闻节目,使得《牡丹亭》和昆曲成为一时的新闻热点和焦点,构成了新闻中的典型文学话题。再如,2012年10月莫言获得诺贝尔文学奖,虽然莫言和莫言的作品在当代中国文学界并不一定是最优秀的,但是可能因为《红高粱》,因为他的作品也许更适合某一些人的欣赏趣味,他最终获奖了,这显然也是借助于传播。如果不了解莫言,不了解与莫言同时代的国内外作家作品,不了解创作背景,就很难对这一事件做一个深度

观照。陕西卫视《开坛》栏目制作的一期节目《莫言获奖带来的文学启迪》，就是针对这一文学素材展开新闻评论的典型。这样的例子不胜枚举。可见，新闻中的文学话题大量存在。

其次，文学中也不乏新闻题材。特别是作为现当代文学一个重要部分的影视文学中，很多电影、电视剧是根据现当代文学作品改编的，其中不少就是以社会新闻事件为题材的，有的影片则直接改编自真实的新闻事件。近几年的电影作品中，如2010年7月由冯小刚执导的影片《唐山大地震》，是根据张翎的小说《余震》改编而成，描述了1976年发生在中国唐山的7.8级大地震事件，再一次勾起了当代人们对那一场灾难的回忆，同时也让大众再度回顾和关注2008年汶川大地震和2010年玉树大地震这样的新闻事件。再如2014年9月由陈可辛执导的影片《亲爱的》，是根据央视法制栏目《大家看法》2011年第54期"千里寻子"的"打拐"新闻改编而成，讲述的就是在深圳开店的湖北人彭高峰3岁的儿子被拐后的寻子经历，影片直指这类拐卖儿童的新闻事件，引发受众思考："被拐的孩子找到了，但故事才刚刚开始……"由此可见，新闻题材也大量被引入文学作品中，这些社会话题类型题材的文学作品，往往能够讲述和引发大家对社会热点新闻事件的真实思考。

因此，新闻中有文学话题，文学中不乏新闻题材。文学和新闻由于都承担着指导人生、引导社会的职责，所以在题材的选择上往往存在你中有我、我中有你的关系，均倾向于选择激浊扬清、惩恶扬善的内容。那么，在新闻传播学类专业中开设文学类课程就显得必不可少。任课教师可以有选择性地讲授文学作品，结合相关新闻事件指导学生从文学作品中学习对社会现实、对新闻事件的关照和思考方式，更好地做好新闻实务。

四、文学元素丰富新闻文体形式与写作技巧，增强新闻传播效力

文学与新闻不仅"学""术"互补、题材互用，而且文学作品中的文学话语、文学元素、文学写作方法等，对新闻话语系统的建构、新闻文体形式的丰富、新闻写作技巧的提高及新闻传播效力的增强都有着极大的借鉴和辅

助作用。

首先,文学话语为新闻话语系统构建提供借鉴。尤其是对情节复杂、人物繁复、篇幅较长的新闻事件的报道(如特别报道或深度报道)中,叙事方式往往借助于文学的叙事手段。其次,文学元素丰富了新闻文体的形式。随着文学元素对新闻的渗透与影响,新闻的文体形式突破了单一的局限,呈现出多样化的特点,除了消息、通讯等很多新闻文体本身就脱胎于文学体裁之外,如文学性通讯、特写、通讯式报告文学、散文性新闻、新闻性杂文等新闻与文学的混合性文体形式渐渐出现,使得新闻能够在更大范围内、以更为恰当的方式反映客观现实生活。再者,文学写作笔触、手法、语言、朗诵等技巧在新闻写作、播音主持中的适时适当借鉴和运用,将极好地增加新闻的感染力、深刻性,增强新闻文体的表现力和传播效力。

其实,很多新闻实务从其历史溯源来看,就直接以古代的文体形式为源头。比如新闻评论的文体源头就是古代的政论文,先秦历史散文、诸子散文、秦汉政论文、唐宋八大家散文中的优秀文学作品都对新闻评论文体的形成和写作技巧、评论方式等提供了极好的范例。其中如《史记》中的"太史公曰"、《资治通鉴》中的"臣光曰"、《聊斋志异》中的"异史氏曰"等还可视为新闻评论中"编者按语"的前身,为今天新闻媒介中编者按语及其他配发式言论提供了有益的借鉴。又如梁启超的《少年中国说》是文学作品中的名篇,也是其时务文体的代表作,《时务报》和时务文体将报刊政论推向前所未有的高峰。马少华先生在《国际新闻界》2014年第3期中专门撰文《梁启超"少年中国说"中的修辞与学理》,对这篇文章之于新闻与文学的双重意义给予了高度肯定。如此等等,不胜枚举。

因此,在新闻传播学类专业开设文学类课程,有益于在课堂上将文学话语、文学元素、文学写作及朗诵技巧中可资借鉴的因子传授给学生,帮助他们在"采、写、编、评"的新闻实务中提高新闻作品的感染力、深刻性和传播效力。

综上所述,文学与新闻传播学在学科体系上的"学""术"互补,在人学与社会生活本源上的殊途同归,在内容题材上的互通有无,在话语建构与写作技巧上的互相借鉴,都决定了文学类课程对高校新闻传播人才培养的重要价值。如今,新媒体环境下,新闻与文学互动的新现象也日趋明显。因此,高校新闻专业在制定和修订培养方案时,不应当将文学类课程简单地去掉,而应充分把握新闻与文学的关系,转变教学理念,改革教学方法,变学生的被动接受为主动学习,变教师的强制性全盘灌输为结合新闻实务而有选择有针对性地教学,才能在人文底蕴培养上、在新闻实务的文学技巧教学上提高高校新闻传播专业整体教学质量和人才培养质量。

二、教学方法创新

互动式教学："以人为本"的教育理念与实践

胡远珍

摘　要：本文是对互动式教学在多年教学实践中探索和运用的思考和总结，认为互动式教学作为一种教学方法，实际上体现了"以人为本"的教育理念。文章探索了互动式教学的基本内涵、本质意义和价值。

关键词：互动式教学；教学方法；以人为本

三尺讲台有天地，有日月，有春秋。通过近30年的教学，笔者深深体会到互动式教学不仅仅是一种方法教学，更是一种思想情感交融的"知性"过程。互动式教学的倡导，源于对过去"填鸭式"教学的一种改变。传统"填鸭式"教学注重的是教师主体，忽视了作为传授对象学生在教学过程中的作用。互动式教学作为一种能够充分发挥教师、学生双主体的作用，在教学过程中通过师生的有效互动，最大化提升教学效果的方法和手段，在现代教育中得到普遍运用。

一、互动式教学的基本内涵与作用

教育虽然有多层次性、立体性，但课堂教学依然是教育的主要平台。在有限的时间和空间里，互动式教学的优势就在于：突破了以传授知识为主的教学思维模式，以问题意识为导向，注重培养学生的思维能力，在充分调动学生对于"问题"勤于思考、善于思考的同时，一方面极大地拓展了知识的空间，另一方面也可以让学生在思想的碰撞中，感受、体会综合运用知识把握问题、分析问题的乐趣，认识到所学专业知识的有用性。为什么这样说呢？基于两点思考：其一，现在的大学生喜欢浅阅读，缺乏深阅读，知识面广，但呈现出知识"碎片化"的特征，缺乏知识系统性、综合性的逻辑思考与呈现的训练。其二,现代媒介技术和媒介工具的快速发展,加速了人们获取知识的便利性和快速性,学生也更容易满足对知识的浅层次的了解,缺乏对知识迁移、整合、运用的"内化"过程,导致学生不会思考、不愿思考,也无法认识到所学专业知识的重要作用。因此,大学课堂互动式教学的张力就是抓住问题的关键,进行有针对性地破解。

作为一种教学方法,互动式教学应当贯穿教学的全过程,它主要体现在教师与学生的互动,学生与学生的互动,学生与教师的互动。

一是教师与学生的互动,丰富学生知识的想象力。教师在传授、讲解知识要点的过程中,不能仅仅拘泥于对概念、基本知识和理论的一般性介绍式的讲解,而是要融入教师自己的思考和理解,尽可能引导学生将已学过的知识与正在学习的知识有机地融汇贯通,这样既可以让学生对已有的知识"温故而知新",也让学生懂得对新旧知识的有效整合,形成一定的"知识体系",能够多角度、多层次地认识问题、分析问题。如:笔者讲到"传播学产生的背景和条件"这一知识点时,就向学生提出了一个连锁的问题:"传播学为什么产生于美国而不是中国或其他国家?为什么是产生于20世纪四五十年代而不是其他时期?"通过让学生思考后回答,并在学生不同的回答中,进行适当的引导和点评。这样,最终对这一知识点的理解和掌握是学生们积极思考的结果,而不是教师灌输的结果。还要强调的是教师与学生的互动绝不是一问一答那样简单。在问答之间实际上反映了教师知识储备的容量,教师备课时的思考和理解,教师在组织课堂教学时的教学理念与能力。在问答之间,教师要有"动员力"的呈现,去激发、调动学生积极思考;要有"形象力"的感召,让学生感受到被尊重、被肯定的存在感;要有"思想力"的穿透,让学生不是"一叶障目",而是通过"叶"去触摸到知识的参天大树。

二是学生与学生的互动,激荡脑力,提高学生共同分享的参与感。教师与学生的互动,在课堂教学过程中,常常是以提问——回答的方式体现,而学生与学生的互动则是学生与学生个体间的点评或学生小组之间质疑。如果说教师与学生的互动是互动式教学的第一层次,学生与学生的互动是互动式教学的第二层次,那么,从某种意义上来说,学生与学生的互动更能体现教学的本质意义——对学生学习能力的培养。因为在教学情境中,教师与学生的关系是"教与学"的关系,教师在互动式教学的第一个层次中始终处于主导地位,而在第二个层次中,学生的主体地位才真正凸显,教师只是学生脑力激荡、思想碰撞交流空间情境的创设者,是让学生充分展示自我、敢于质疑、勇于表达的引导者,是让学生拓展性自主学习、培养自我学习能力的组织者。学生与学生的互动,在课堂教学中,教师要通过创设交流互动的情境,营造一种学生乐于表达、敢于表达、能够表达的氛围。如笔者在教学的过程中,通过提问让学生回答问题后,会有意识地邀请另外一名同学对刚回答完问题的学生进行点评。这样一方面促使所有在场的同学对问题积极思考,另一方面通过学生之间的相互评价,让学生明白自己思考问题的优势和不足在哪里。这是一种学生与学生个体互动的方式。还有一种方式就是让学生以小组为作业团队,进行主题化专题性的问题讨论。要求每一小组花一定的时间准备和讨论,并向全班同学陈述展示自己小组的成果。每一小组陈述完毕后,会让另外小组的同学进行质疑。面对质疑,陈述小组必须回应,形成学生之间相互思想碰撞、深度互动交流的良好氛围。实际上这是在学生们学习的过程中,引进一种相互激励的竞争机制,激发其学习的兴趣,促进学生自主学习能力的提高。从近几年的教学实践来看,无论是本科生教学还是研究生教学,都达到了很好的教学效果。

三是学生与教师的互动,培养学生主体意识和批判精神。学生与教师的互动,主要是倡导教师在讲授的过程中,学生不是被动地在听,而是在接受的过程中,有一种主体意识,敢于针对教师讲授的内容,提出自己独创的见解。或是丰富教师上课的内容,或是敢于亮出自己的观点,开展争鸣。学生与教师的互动,还可以达到教学相长的目的,这是互动式教学的第三层次,也可以视为互动式教学"以美引真臻于善"的最高境界。正如已故学者黄曼君所言:"'以美引真臻于善'中的'美',不仅指文学作品的艺术分析,也不仅指艺术教育。根据马克思的人类'按照美的规律来塑物体'的总体思想,美应该是自由运用客观规律(真)以保证实现培养目标、教育目的(善)的中介结构形式。如果说,古今中外的各种知识体系,作为人对客观世界的认识和把握,是属于认识规律,即'真'的范畴,那么,在教学过程中所展示的一系列目的性活动则属于'善'的范畴。"① 随着新媒体的发展,知识获取的渠道越来

---

① 黄曼君. 新文学"以美引真臻于善"教学体系刍议. 以生为本探索创新[M]. 武汉:华中师范大学出版社,2014(2):7—8.

便捷,大学教育已不能局限知识的传播,而应当是对学生综合素养与能力的培养,是一种个性化的创新教育,是塑造学生独立人格的主体精神丰盈的完善过程。所以,学生与教师之间的互动,是"以人为本"教育理念的体现,是锻造学生自主意识、批判精神、独立人格的有效途径。

二、互动式教学的本质意义及价值

互动性教学观其表是一种教学方法,探其实是思想情感交融的"知性"过程。主要体现在以下三个方面。

一是充分尊重学生作为新生代所具有现代意识的丰富、复杂的精神个体特征,真正做到"以人为本"。现代教育的本质意义就是尊重生命、重视人的价值,彰显丰富而又丰满的精神特质。新一代的大学生由于成长环境不同,所受到的时代滋养不同,又正值最美好的青春年华,他们价值多元,知识面较广,思维方式更开放,崇尚自我,强调个性,追逐时尚,享受自由。欠缺的是对人生真谛的认识,对知识系统深入的掌握,对价值判断的理性思考,对社会使命感的主动探求。互动式教学的倡导者在追本溯源中真切看到了学生们独特的思想情感特征和思维方式,他们既是一个整体,又是一个个鲜活的生命个体。教师只有充分地尊重他们,才能真正地爱他们,平等地对待他们。教学过程的互动交流,实际是营造了充分展现人的思想精神世界的话语空间,通过畅快的交流,学生可以感受到教师的思想人格,教师也可以直观感受到学生的个性特征、知识结构与逻辑思考的能力,从而在教学中做到有的放矢,形成教书育人的张力。高等教育的第一要务就是"立德树人"。"立德树人"绝不是空洞的说教,而是在专业学习的过程中,通过一个个教师在教学具体过程的"春风化雨"中实现的。课堂教学不单单是知识行进的过程,也是情感活动的过程。教师要引导学生热爱学习、热爱生活、热爱生命、热爱祖国,教师需要率先垂范,通过教学活动向学生们传递教师本身是一个热爱学生、热爱工作、热爱生活,有知识、有思想、有操守的人,也才能潜移默化地使学生的人性全面舒展,人格健全地发展。

二是开阔学生视野,启迪其思想,让其自觉学习、快乐学习。笔者在长期教学过程中,发现学生们大多数不明白专业知识和理论学了有多大用处,特别不喜欢理论性较强的课程。而笔者讲授的两门课程《广告学概论》《传播学概论》是新闻传播专业的基础理论课程,应当说是夯实基础、培养学生具有理论思维和方法的两门重要课程,但概念较多,内容枯燥。因此,讲授这两门课程,首先要让学生感受到课程内容的生动有趣以外,更重要的是要让他们感受到"理论思想"的力量。在互动教学的过程中,引导学生理论联系实际,关注传播实践和社会发展,并从多学科的视野去思考问题,分析问题,解决问题。通过互动交流,思想碰撞,让学生看到自己的进步和成长,深切感受到理论学习的价值所在,使枯燥的理论内容充满丰沛的人性光芒,也融入时代现实性所蕴含的题中之义。让学生在对现实的触摸中,结合理论学习,去探究各种各样的问题。理论不再是空洞的、深奥的,而是具体可感的、理性的工具,这样就会激发学生进行理论学习的自觉性,快乐地学习。笔者常常有这样的感念,学生虽然年轻青涩,却生机勃发。关键是作为教师能否适时地播种思想的种子,洒下一缕让其生长的阳光,浇灌让其苗壮的养分。有时候,学生在课堂上闪烁的思想之光,也让笔者这个从教近30年的老教师有一种"后生可畏"的感觉,炳照共同思考、共同交流、共同激励的探索之路。课堂成为思想情感交融的场所,教学成为人生特别有情调和志趣的生活。

三是围绕思维训练与能力培养的关键点,拓展教学空间。互动式教学实际上是解决知识传授的目的与树人的关系。学生对知识的掌握不是学习的终极目的,关键是通过对知识的掌握,有一个不断内化的过程,将书本的知识转化为自己正确认识问题、把握问题的思维内核。而这个内化的过程,必须经过思考的过程,才能悟道。那么,互动式教学就是对学生思考什么、怎样思考、如何对知识的整合、多角度进行思考、思考的逻辑关联和具体路径的训练过程。在这样一个过程中,有课堂学习向课外学习的延伸,有教师引导性的学习向学生自主学习的延伸,有学生个体性的学习向团队合作性学习的延伸。这实际上使学生能够在不同的情境中去学习,充分释放学生学习的效能,达到培养学生综合能力的目的。如笔者在讲到"传者的编码与受众的解码"这一知识点时,首先让学生进入"受众接受文本信息"的情境中,然后,通过提问和互动交流,让学生亲自感受到对信息解码时的个人差异和群体的共同性。这极大地拓展了教学的空间,让学生的思维从讲授的知识点进入到具体的文本情境中,由具体的文本延展到历史——现实的时空,再回到课堂中每一个作为受众的学生们的自我解读过程。在学生们"实战"的过程中,教师适时结合知识要点或理论进行引导,让学生们自己思考进行归纳总结。在这样一个过程中,运用到了"启发式""情境式""案例式""参与式""思考式"等多种教学方法,让枯燥的理论还原到具体的真实情境当中,学生成为学习中真正的参与主体。理论性课程教学其实也是一种方法教学,它是实现教学改革目的、由知识的传授到对学生创造性思维与能力培养转变的重要杠杆。

互动式教学,将学习者的学生作为学习积极的主动参与者,而不是被动的接受者,让学生通过新旧知识经验间反复双向互动的过程来获取新知识,建构逻辑思考的感知方式。要真正达到互动式教学的目的,就需要教师在教学过程中,充分发挥和调动学生学习思考的主动性,通过交流、合作、反思、协作等多种互动方式习得与时代、现实相关的有意义的知识、图景、现象和经验,主动观察认知对象,并积极思考,将思考内化为一种良好的学习习惯,进而提高其自主学习的能力。学生一旦有了这种学习的能力,即使以后离开了学校,进入社会,遇到许多新的问题,也会快速学习,从容面对,知道该如何找到解决问题的具体方案。这就是我们常说的一个学习能力很强的人,也是一个解决问题的高手。

关于互动式教学的探讨,还有许多可值得探讨的方面。如互动式教学与情境教学的关系,学生在互动式教学中的主体作用等都需要做更细致、深入地讨论和研究。本文只是笔者教学过程中一点粗浅认识,因时间仓促草就成章,不足之处,欢迎大家批评指正。

(本论文是省级教研项目"新闻传播教育多维知识整合与跨学科人才培养探索研究"的阶段性成果。项目编号:011—013474)

从"模拟提案"到"项目实战"：
广告专业实践教学中的方法创新

黎　明　郑雪丽

　　摘　要：" 模拟提案"作为目前广告教育界普遍采用的教学模式，由于其本身的局限性导致学生能力成长曲线的"断层"。据此,笔者在"模拟提案"的基础上进一步优化提升,尝试导入"项目实战"的理念。对其具体教学的开展进行了探索和实践，并论述了其推广应用的积极意义,即促使学生真正了解市场、将所学知识与市场需求融会贯通以及全方位广告实务能力的提高。

　　关键词：广告专业；项目实战；实践能力

一、项目实战：在"模拟提案"基础上的进一步提升

　　所谓模拟提案,就是高校广告教师从企业、广告公司或广告大赛拿到命题，将命题交给学生小组，由学生小组通过一段时间的分工与协作完成作业,最终以公开模拟提案的方式向命题单位提交作业,接受包括专业教师、命题单位人员、其他业界专家在内的评委组的现场验收。① 它是基于有限的教学资源,以课堂教学为基础,为学生提供可行实践机会的教学方式。

　　模拟提案作为应用型、交叉性人文社科专业的广告学的重要教学方法，是目前高校广告教育界普遍采用的教学模式，受到了教师和学生的一致欢迎和好评。一方面模拟提案采取理论与实践相结合的教学方式,强化了实践环节。有利于学生的学以致用,并在"用"的过程中将所学的各学科知识融会

---

① 罗雁飞. 从模拟提案看广告教学的短板[J]. 新闻爱好者,2012(19).

贯通,实现知识体系和能力培养的系统整合;一方面通过"模拟提案",学生在实践环节中发现自身不足,反过来促进相关专业知识的强化学习,同时任课教师根据学生共同存在的问题和缺陷集中讲解,使学生的"学"和教师的"教"都更具针对性。

上述优点使得模拟提案成为高校广告专业在实践教学中普遍采用的基础性教学方法和内容,对提高学生的实践能力起到了一定的作用。与此同时,模拟提案本身还具有一些局限性,暴露出广告教学的短板。其一,学生们基于课堂教学所实施策划的项目,本身是模拟性质的,因此策划作品往往带有学生气和理想性,缺乏对贴近广告市场的实际运作的了解;其二,模拟提案中,学生的实践局限在策划案的撰写上,而非商机寻找、业务洽谈、合同签订、市场调研、策划创意、预算控制等围绕广告专业的全方位能力提高。

正是由于模拟提案所存在的这些盲区,使得它所带来的能力培养还很难达到在实习单位和用人单位"即插即用",换言之,模拟提案和专业实习之间,学生能力成长曲线出现"断层"。

为了弥合"模拟提案"的局限和不足,我们在其基础上进一步优化,提出深入市场的"项目实战"教学方法和理念。项目实战是由学生自行组成项目组,在市场中寻找项目并尝试完成的教学方法。学生始终是项目实施的主体,教师充当指导者和协调者的角色,通过引导和适当的归纳总结,将知识的传授和项目实战融为一体。

项目实战区别于模拟提案最大的不同在于,它真正地深入市场,避免"仿真",让学生进入实战心态与状态。换言之,它是以一种完全实态的广告项目运作来进行广告实践教学的形式,充分体现了以能力为本位的教育教学思想,注重经验的直接获取和实践能力的培养。学生组成小组完成一个完整的任务项目,每个小组相当于一个小型广告公司,团队成员依照分工各司其职,参与整个项目开展的各个阶段。从最初的项目确定、项目设计、项目实施到最终的项目评价,都由学生自我完成。

"项目实战"实现了知识的初步整合以及专业实践即策划能力的初步形成,完成了广告专业的阶段性目标。并以此为基础,依托专业课程,将已具备初步专业策划能力的学生组成项目组,推向市场一线。学生在项目实施过程中,逐渐了解广告项目运作的各个环节以及各节点的基本要求与重难点,了解真正的市场以及广告主真正的需求，最终实现知识转化和实践能力的全面提升，弥合模拟提案和专业实习之间的能力断层，完成"广告学学生"到"专业广告人"的转换。

二、"在水中学游泳"：项目实战的教学开展

项目实战教学的开展和"在水中学游泳"的原理相仿。若要学会游泳，就须深入水中，蜻蜓点水式终究是徒劳无益。同样，培养实用型的广告专业人才，只有将学生置于市场的海洋，通过市场实战的"浸泡"，实现理论知识和实践能力的运用提升，才能在专业实习和求职工作中"如鱼得水"。换言之，项目实战就是完全按照广告公司完成某一项目的步骤进行，将知识的讲授与市场的实战同步结合，达到在水中学游泳，在市场实战中提高实践能力的目的。笔者针对湖北大学新闻传播学院 2011 级广告专业在《广告经营与管理》的课程教学中，尝试导入了"项目实战"的实践教学方法，取得了良好的成效。具体实施方法如下：

(一)成立项目组

依托广告经营与管理等大三阶段的专业课程，由学生自愿组成项目组，每组人数一般为 5～10 人，组员依据个人兴趣特长和未来求职定位进行分工协作，组内成员分别担任 AE、策划、创意、文案等不同角色。全组人员共同参与合作完成实战过程中的每一项工作。

作为"项目实战"教学开展的首个环节，在成立项目组的同时就要明确小组成员的具体分工，根据项目实施中的不同环节和内容需要，让学生充分发挥自己的专业特长，并负责完成自己所分管领域的相关工作，充分调动学生参与其中的积极性与主动性，减少和避免个别成员"只挂名不干活"的情况，培养学生相互合作优势互补的团队精神，为后期项目的实施奠定人力基础。

(二)引入广告项目

项目主要来源于两个方面。一是学生团队主动开发。学生在老师的指导

和协助下,有意识地运用专业人脉和社会资源,开发广告相关项目。同时,项目团队亦可以湖北大学为基地,通过"扫街"的方式,在周边商户、公司等潜在客户搜索商业机会,并发挥专业能力,促成项目进入实质性操作。二是教师利用资源将适合这一实践教学模式的项目导入课堂,分配给各个学生团队执行。

教师项目导入是保证整个实践教学顺利展开的基础量,而学生自行开发则是通过实践教学提升其综合能力的关键落脚点。由于在项目组展开活动的前期,学生会普遍缺乏相应的经验,很难一开始就拿到能执行的项目,从而影响参与热情、专业信心和团队士气,陷入一筹莫展的境地。教师导入项目,并分配给各个团队执行,可在此种状况下维持各个团队的基本运行。各个项目组在执行过程中,逐步熟悉广告运营,开始从被动等待任务到尝试自主开发项目。就教学目标的设定和实现而言,这一过程甚至比最终实际操作了多少项目更有价值,即学生在这一实践教学环节中,完成心理断奶,不断摆脱依赖性,增强自主性,并在自主开发的过程中,为达成项目,倒逼自身广告专业能力和全面综合素质的提升。

教师在本环节对学生寻找的项目进行一定的把关,依据项目的可行性以及学生所具有的知识水平和实务能力,选择和确定与教学需求相符的广告实战项目。从而根据市场动向和项目实际情况,进行具体的分析研究和策划案的制定,最终采取相应的广告策略并在实践中加以检验。用实际广告项目促进专业教学,实现"以实战带动教学,以实战检验教学"的创新模式,使学生在实战中得到锻炼提升。

(三)项目设计实施

基于课程的进度和内容设置,各组对所选定的项目实施进行整体规划和设计,完成信息收集、市场调研、方案制定,并在规定的时间开展具体工作,完成相应的任务。此阶段项目的设计必须具备科学性,遵循循序渐进的规律,以防止项目在后期实施中受财力物力约束难以完成,同时有利于学生在探索实施的过程中加深巩固所学的知识和技能,促进学生综合运用知识能力和实践操作能力的同步提升。

此外,各小组在项目实施的各环节需撰写报告,定期汇报最新动态、交流进展情况，并和最初制定的任务和目标进行对比。各小组可实行评比竞赛，对表现较好的小组或个人予以奖励，充分激发学生的潜力。任课教师充当"舵手"的角色，从广告公司管理、广告项目运作的实际出发，在引入相关理论知识的同时依据各组项目的实施提供专业的指导和建议，并组织学生对出现的问题和争议展开小组讨论或专项讨论。在讨论的过程中激发学生思想的碰撞，拓宽学生的思路，使学生由"被动的学"转为"主动的思考"。

项目的设计实施是贯穿"项目实战"教学最核心的一个环节。在项目实施过程中学生能够熟悉广告工作的流程，对广告职业人的生活进行初步了解，锻炼学生策划、创意、制作、营销等各种广告实务能力。

(四)项目总结评价和成果拓展

学期末，各小组通过幻灯片演示及结案陈述等方式就项目运作情况进行汇报和广告提案比稿，学生对工作不足和优秀经验进行交流学习，采用学生自评、小组互评的方式进行初步评价。

同时，由任课教师、各组所实施项目的企业方代表和广告界专业人士组成评定小组，从策划案的质量、广告的传播、产品的销售等多重效果对学生的项目探究和实践进行多角度点评；对各组项目实战中所存在的共性问题以及重难点给予深刻分析；重点讲授广告提案的技巧和演示文稿的制作方法等。在此基础上根据综合表现和策划案专业水准等进行最后考核评分。通过这种客观全面的评价方式，实现学生和广告界的直接对话，推动广告教学的科学化和市场化。

项目实战在提升学生综合素质和专业能力的同时，还在教学过程中形成一系列可反复运用和进一步拓展的成果，如实战案例、经验心得以及在项目开发和运作中和社会、企业形成的联系。对于每一届学生"项目实战"所形成的成果，要梳理、积累和再运用。实战案例和经验心得以项目组为单位在学期末统一收集整理，传递给下一届，成为其展开"项目实战"的第一手经验。可能长期合作的业务联系亦巩固为每一届进行项目实战的公共资源。当实践教学成果在届际传承中积累到一定阶段，教师通过归纳总结再将其系统化，以教案或教材的形式反过来再指导项目实战的教学实践。

三、弥合断层：项目实战的价值

项目实战的教学方式，坚持以广告实战训练学生，使师生亲历广告项目运作的全过程，提高了"教"与"学"的质量，更进一步拉近了教学与实践的距离。对学生真正了解市场、将所学知识与市场需求融会贯通、全方位提高广告实务能力有较大的帮助，有利于填补模拟提案的缺陷，弥合模拟提案和专业实习之间的能力断层，增强广告学学生的市场竞争力，培养能与市场接轨的广告专业人。

(一)有利于深入市场,培养适应市场需求的人才

基于广告专业的实践品格，高校广告教育以面向市场，培养符合广告行业需求，具备实际操作能力的应用型人才为目标。传统的广告教学普遍存在"重理论、轻实践"的问题，广告专业毕业生动手能力差，无法适应当下广告行业对人才的需求，广告教学与市场需求断裂现象严重。

通过"项目实战"教学，一方面有利于学生了解现实的市场，真正深入市场一线和项目运作中去，而不是做"书斋的策划"，摆脱"学生式策划"的青涩和"空想学院派"的不切实际。通过项目实战做接地气的策划，使方案的设计制定不再囿于"纸上谈兵"，而是在后期也能继续操作执行。一方面学生在"项目实战"中，通过调研、策划、执行，以对广告专业所面向的行业有更清楚的认知，真正了解市场所需，包括就业形势、知识结构、实践能力等。有利于学生及时调整学习策略，发挥自身优势，了解不足，以市场需求为导向加强学习的针对性和主动性。这样，既契合了广告教育的目标，也符合了广告公司的需求。

(二)理论知识与市场需求有效整合,提高知识转化能力和实际动手能力

"项目实战"的实践教学模式，为学生创造了活学活用的平台。

首先，在项目展开过程中，通过整体规划和安排、市场调查研究、广告策略选择、文本的撰写及实施与总结，对专业理论知识加以运用。而且在真实

的实战和广告运作中,使学生在实战中发现自己在广告知识和能力的不足,激发学习和实践的动力。

其次,使学生在集中专业实习之前,深入广告行业之中,对广告职业生活有直观全面的认识并初步演练和适应,了解广告公司的运作流程,熟悉广告公司客户部、调研部、策划部、设计制作部和媒体部的职责及运作,提高广告实务所必需的实践技能,通过真实的市场实战,真正做到将所学的专业理论知识和市场的现实需求融会贯通,为专业实习以及毕业后进入广告行业做好心理准备和专业知识实践技能的储备。

(三)全方位提高学生综合素养和能力

项目实战项目,除了锻炼学生的策划能力,还能提高学生综合素养和能力。

其一,学生组成小组,以小组分工合作寻找市场商机。有利于增强学生的团队精神和沟通能力。学生在此过程中走出"象牙塔",真实地去接触社会,接触形形色色的人群,解决各式各样的困难,并相互配合共同参与完成每一阶段的任务,促进优势互补和相互进步,由此培养了学生的团队协作和交流沟通能力。

其二,项目实战教学极大地激发了学生的自主性,并在思想的碰撞和实践的演练中构建科学立体的思维模式。教师从"知识传播者"转变为"实践指导员",学生从"被动接受者"转为"主动参与者"。由此,在任课教师引导下学生围绕项目进行的讨论可以激活现有的知识储备,将实践中产生的广告现象和问题与已有知识背景相联系,以更好地进行反思,激发创意。此外,学生通过自主性学习能够开拓知识视野,掌握学科前沿信息,了解广告领域新动态,为创造性开展广告活动奠定基础。

其三,项目实战项目,贯穿广告项目运作的寻找、接洽、谈判、策划、合同、收款全过程,学生成为整个广告运作的参与者,有利于学生全方位能力的提高。在项目进展中锻炼学生的逻辑思维能力、资料收集分析能力、媒介运用能力、策划创意能力、编制广告预算的技巧以及广告效果的测定技巧等,促进各学科知识相互渗透与融合,构成由不同技能模块组成的整体系统。

  "项目实战"作为广告专业实践教学的方法创新,是培养具备市场实际经验、符合业界需求的应用型广告专业人才的有益尝试。通过"项目实战"教学,教师可以了解学生知识掌握和实践应用的情况,为改善教学提供依据和动力;学生能够深入市场、实现知识与实践的有效整合以及全方位能力的提高。

参考文献:

[1] 罗雁飞. 从模拟提案看广告教学的短板[J]. 新闻爱好者,2012(19).

[2] 周辉. 研究性教学在广告学专业人才培养中的应用[J]. 广告大观(理论版),2009(01).

[3] 傅强. 以"实战"贯穿教学——广告策划课实践教学改革研究[J].宁 夏师范学院学报,2011(05)

[4] 孙肇伦. 广告专业"项目实战人才培养模式"研究与实践[J]. 重庆教育学院学报,2011(05).

[5] 钟静. 关于加强广告教育中实战教学的研究与思考[J]. 北京联合大学学报(教育教学研究专辑),2006.

浅谈新闻实务课程中理论实践的结合方式

张 萱

摘 要：理论与实践相结合，作为一个基本的教学理念，一直贯穿于新闻教学中的理论与实务课程之中。在这一理念的指导下，本文旨在探讨当今新闻实务课程的教学，如何跳出传统的教学理念，既要避免堆砌案例，又要贴近当下；既要体现实务课程的应用性，又要避免实务课程的工具性。通过分析当下新闻系学生的群体特征和当今新闻媒介的总体特征，由此提出，新闻实务课程的教学效果应该体现为三点：第一，培养学生的新闻精神，建立对新闻动手写作的兴趣；第二，帮助学生掌握基本的新闻实务技能，即采写编评的写作方法；第三，引发学生独立思考和反思的能力。

关键词：新闻实务；新闻理论；新闻精神；专业主义

一

当代新闻学教学所面对的学生群体，出生于 20 世纪 90 年代初期，他们是与中国信息化时代伴随而生的一代人。在他们身上，既具有传统新闻系学生的特性，更呈现出当代大学生的新特点。综合看来，主要表现为三点特征：第一，没有受过专业新闻训练。这是与过去新闻系学生唯一相似的一个特点。第二，信息量巨大，获取信息渠道多元。第三，忧患意识浓，具有强烈的务实性。

基于这三点，我们不难发现，当信息不再匮乏、信息传播渠道不再单一，学生与社会的接触程度远远高于之前任何一个时代的时候，作为教师，我们面对的就不再是一个个的个体需求，而是整合了大量信息的群体质疑。从教学的角度来看,问题主要在于:第一,虽然这是一群没有接受过专业新闻训练的学生,但由于他们的信息量巨大且长期浸染在传统媒体与新媒体高度开放的新闻传播环境中,学生对新闻的认识和理解,已经形成了自己的一种感性认识。因此,学生既具有一定的可塑性,同时也具有相当的质疑性。第二,新闻属性的变化,"人人皆是新闻传播者"的社会观念,使新闻系学生一进校门就开始对未来的职业生涯充满了"不安全感",这自然导致了学生在课堂中需要获得一些能够安身立命的东西。在不了解新闻事业本质如何的情况下,这种强烈的需求就会变成对技能的简单需要。

与教学相对应的另一个问题——当今媒体需要什么样的新闻人才?

《南方都市报》总编辑曹珂在南都的人才招聘中曾说过:"是同事,不是下级办事员;是能碰撞激发的对手,不是顺从听话的'记'者;不一定要喜好相同,但一定要热衷探究新闻;'南方'能给你的条件未必很多很好;'南方'能做到的也许更多是包容,包容你的独立思考,包容你的狂野奔放,承载你力所能及的担当,鼓励你超越前辈的创新。"

2010 年 11 月 19 日,《华西都市报》总编辑陈代阳在对全体员工的告别演讲《新闻是一种理想》中说道:新闻是一种理想——而我们的理想,就是有更多的人走上这个领奖台,即使曾经沧海也会为一张薄薄的证书怦然心动,终生难忘。……我们的理想,就是让对手和读者赞叹,也忍受因戴着镣铐跳舞引来的责难甚至嘲笑。……我们的理想,就是耳边总萦绕着塞林格在麦田里的喃喃自语:应该为某种事业卑贱地活着,而不要为某种事业英勇地死去……"在这洋洋洒洒数百字、如散文般的抒情中,我们读到的是一个资深新闻人重提的"新闻理想主义精神",这就不得不为我们的教学提出了一个参照。大学教育不能脱离社会,但大学教育也绝对不能等同于社会。如果,学生在接触新闻事业的最初阶段,就没有接受过、并且树立起一种具有理想主义的新闻精神,我们又如何期望社会能够给他们上好这一堂课呢?新闻的理想主义精神,在曹珂的话语中得到了很好的具体阐释,所谓新闻的理想主义精神,绝对不是空想主义精神,而是对新闻事业充满热情、乐于观察、善于思考,并且勇于担当,具有超越意识的一种信仰。

凤凰卫视记者闾丘露薇在其所著的一本书中曾写道:"作为一名记者,总是从记述层面向前发展,这也是我自己在多年前给自己定下的目标。当

2003年被戴上了'战地玫瑰'的称号后,我已经很多次告诉我的同行,我希望有一天,人们认识我,不再是因为我的勇敢,而是因为我的专业,以及我对事件的观察,最终分享我的观点。"① 1995年进入创办初期《南方周末》的张晓舟,在2009年秋离开这个工作时说:"作为一个媒体人,在我死后,墓志铭上应该写着:这里埋着一个制造了数千万文字垃圾的人。"在作为新闻人的闾丘露薇和张晓舟的思考与自我反省中,我们能够更加真切地体会到,这种自嘲,也反映了一种自我反省。当然,并非是闾丘露薇的新闻报道缺乏专业性,也并非是张晓舟的文字如垃圾一般,而是佐证了作为一名媒介人的专业素养,是如何通过对自我的不断反思和对自身文字表达的不满足而实现的。

可塑性与质疑性并存,对新闻理解过于务实,是当代新闻专业学生的特点;"从记述型到思考型"记者,是媒介对新闻人的需求,在这样的文化背景下,作为新闻院校的教师,我们要培养的就是一种具有新闻理想主义精神的"新闻人";"新闻人"意味着其人才的专业性,即独立思考和自我反省的能力。那么,如何实现这样的目标?对于当前新闻业务课程教学的反思和改良,这已是迫在眉睫了。

二

我国新闻课程设置的基本思路为:理论课程与实务课程分开,这和西方理论与实务相互交融的课程方式有所不同。

目前,国内的这种课程设置有其合理性,但同时,也难免会导致教师产生理解上的误区。在新闻业务课程中,业务课教师会有意识地忽视对理论本身的持续学习与关注,仅仅满足于从实务到实务,以介绍方法和结合案例的方式来吸引学生兴趣。所带来的问题就是,实务课程渐渐忽视了其理论的深度与广度。

如在《新闻写作》类课程中,传统的课堂教学中依然是介绍消息、通讯、深度报道等新闻基本体裁的写作方式,但在业界出现的小说化新闻、散文化新闻,已经引发了学界对叙事新闻学的思考以及对西方"新新闻"的借鉴。偏

---

① 闾丘露薇. 不分东西[M]. 北京:中国人民大学出版社,2011:7.

重于"以小说化呈现非小说化细节"的这类新闻作品,在写作上通过呈现尽可能多的事物名称、细节、场景等要素,"重构了一种更为真实的叙事景观"。而在课堂教学中,当教师引用当下的新闻文本作为案例来佐证传统写作方法时,其吻合程度已经有所降低,各种矛盾现象也难以自圆其说。于是,选择20世纪80年代乃至60年代的新闻案例,便成为一些教师规避现实矛盾的一种无奈之举。当然,传统经典新闻作品固然具有被传承的生命力,但是如果一味回避当下,既难以调动这一代学生的学习兴趣,也不利于新闻实务教学研究的提升。

这个问题对教学的影响显而易见。一方面,作为教师,如果认为教授学生传统的新闻采、写、编、评就能够帮助他们尽早进入行业,尽快上手工作,那么无异于在培养新闻的"工匠"而不是真正意义上的"新闻人"。并且,这样的"人才"很快就会被行业淘汰。另一方面,理论本身也是变化的,没有关注理论的教师,自身也无法对变化万千的事件做出理性的分析和判断,最终会导致学生认为实务课程流于肤浅,乃至于,学生难以将理论与实务有效结合。这种课程设置上的不足,无形中也被进一步曲解和放大了。

新闻学的传播本质告诉我们,在一个信息成为一条新闻被传播的全过程中,实务与理论,根本上就是交融的。所以,脱离理论讲实务,就好比只教技能不教原因,只知其事不晓其理。

实务课程重技能,即重视新闻的采、写、编、评方法的介绍,但是新闻的操作技能绝不是僵化的,它是处于一种不断变化和发展过程中的。新闻赖以生存的社会环境在变、信息的载体在变,那么,获取信息的手段、将信息转化为新闻的写作方法以及对新闻的呈现方式自然也是一种变动性极强的内容。在信息化的今天,其变化的速度和幅度都表现出了更为明显的动态性;而不变的则是新闻的基本精神和基本理念。就像陈力丹教授曾讲过关于新闻传播业的第四个理念是"职业道德与职业规范"的一个案例。例如,介入式采访和偷拍偷录,原则上是不能做的,展现嫌犯或罪犯的形象是非法治的等,但我们有的教师在理论课上把介入式采访作为经验正面叙述。当新闻实务的采访手段随着社会的变迁而发生了变化之后,哪些是合法的,哪些是非法的,作为教师应该明确。这个错误的课堂教学案例说明了,目前我国新闻教学中普遍存在的一个较大问题是,教师在认识上不知道什么是对的,什么是错的。实务课程的教师,往往容易过于关注新闻技能和方法的吸收和借鉴而忽视新闻的基本法则,一旦出现这样的认识误区,所有的方法或技巧都无疑是一座建立在错误基础之上的空中楼阁。

三

历史学家米切尔·史蒂芬斯(Mitchell Stephens)曾说过:"在不同历史时期和不同文化中,人类一直在交换着相似的新闻。"这种"相似的新闻",事实上就是指在新闻学中具备相对稳定的部分,即新闻的基本精神和基本原则。这是我们需要贯穿于新闻理论与实务教学中的基本主线。我们在上文提到过,这一代学生兼具可塑性与质疑性的双重特征,他们对于新闻事业的判断和理解实际上,是处于一个可进可退的阶段中,这和过去的学生对教师和教学有着高度信任的心理是不一样的。由于他们对信息掌握程度相对较高,自我判断意识更强,因此新闻实务的课堂,首先应该发挥的功能显然不是纯粹的技术性或理论性传承,而是培养其对新闻的兴趣。培养学生的新闻理想主义精神,引导他们带着最初的热情进入新闻这个领域,才是教学之首要。朱立说过:"我们的学生工作以后,老板要求他做违规的事情,他不得不做,但他价值判断上能够认识到这是错误的,这就是我们新闻教育的成功。"

新闻实务课程教授的主要是方法,采访的方法、写作的方法、编辑和评论的方法。方法如何被掌握并内化为学生自己的工具,除了教师的讲授之外,学生的实践动手也是掌握方法的重要途径。

比如,新闻写作基本素养之一,就是要锻炼学生的观察能力。观察能力容易讲解,却不好被学生所理解。那么如何让学生乐于观察、善于观察呢?在新闻写作的课程中,笔者借鉴了美国教授卡罗尔·里奇的方法,让学生在课下完成一次"蒙眼实验",通过蒙上自己的眼睛,感受外界世界一段时间,这时听觉、嗅觉、触觉和感觉系统都表现出了异常的敏感。在这个实验中,学生对于"观察"的意义有了全新的体验,对于新闻人需要具备的这一基本素养也就有了更清晰的认识。并且,学生通过亲身体验和思考,还积极地提出了自己对新闻人更深层次的理解:蒙眼人与引路人的游戏角色,就类似于新闻人与大众的社会角色,因此,作为未来的新闻人,我们有着责无旁贷的责任。

综上所述,新闻实务课程的教学方法是多样化的,最终的教学效果应该集中体现为三点:第一,培养学生的新闻精神,建立对新闻动手写作的兴趣;第二,帮助学生掌握基本的新闻实务技能,即采写编评的写作方法;第三,引发学生独立思考和反思的能力。更为重要的是,这三点是有顺序性的,精神信念的树立为第一步,技能为第二,最终,学生在拥有了正确信念的基础上,通过掌握熟练的操作技能,才具有第三步——独立思考能力形成的可能性。这个过程需要循序渐进,不可本末倒置。

参考文献:

[1] 郑保卫. 论新闻学学科地位及发展[M]. 北京:中国传媒大学出版社,2010.

[2] 陈力丹. 马克思主义新闻观教程[M]. 北京:中国人民大学出版社,2011.

[3] 闾丘露薇. 不分东西[M]. 北京:中国人民大学出版社,2011.

[4] Rhyce Kerex.Journalism Practice: News, Aesthetics, Ethics and Laws [M]. New York: Levi Chinaka Nwodu,2006.

注重教学环节设计，提高课堂教学的有效性

吴　宁

摘　要：新闻专业是一个实践性极强的专业，特别是在新媒体飞速发展的今天，培养适应新老媒体需要的复合型人才显得尤为重要。但是理论课程的学习是专业的基石，那么如何将理论课程讲得生动，学生爱听，并能和专业实践紧密结合起来，为学生毕业后进入任何类型的媒体打好基础，是很多新闻理论课程任课教师都在思考的问题。本文结合自身教授理论课程的经验，从培养媒体复合型人才的需求出发，探讨如何通过课堂教学环节的设计，提高教学效果的有效性。

关键词：课堂教学；教学效果；有效性

元代文人乔梦符曾用"凤头""猪肚""豹尾"比如文章的开头、中部和结尾，即文章的开头要像凤凰的头部一样美丽、精彩，读者就有不由自主看下去的冲动；文章的中部要像猪的肚子一样饱满，内涵丰富；文章的结尾要像豹的尾巴一样有力，充满灵气。受此启发，要推进有效课堂建设，讲课也要把好课程导入关，让中部坚实突出，使结尾余味无穷。在优化教学环节上下功夫，提高课堂教学效果才能变成现实。

有效教学（effective teaching）的理念源于20世纪上半叶西方的教学科学化运动，在美国实用主义的哲学和行为主义心理学影响的教学效能核定运动后，引起了世界各国教育学者的关注。20世纪以前在西方教育理论中占主导地位的教学观是"教学是艺术"。但随着20世纪以来科学思潮的影响，以及心理学特别是行为科学的发展，人们意识到，教学也是科学。即教学不仅有科学的基础，而且还可以用科学的方法来研究。于是，人们开始关注教学的哲学、心理学、社会学的理论基础，以及如何用观察、实验等科学的方法来研究教学问题。有效教学就是在这一背景下提出来的。

所谓有效教学,是指在师生双方的教学活动中,通过运用适当的教学策略,使学生的基础性学力、发展性学力和创造性学力得到很好的发展。我们运用否定之否定理论学说来界定,也可以得到这样的认识,去掉无效的教学就是有效教学。那么,单调的缺乏情趣的使学生注意力不集中的教学要去掉,灌输式的作秀式磨洋工式的教法必须去掉,有效的教学提倡老师少说精讲优释,提倡学生有较多的自主学习时间和空间,有良好的学习习惯和学习方法,有较浓的合作学习和探究学习的兴趣,"教"得不苦"学"得不累,学生的整个生命体得到真实地进步和成长。科学研究表明,45分钟的课时,学生的注意力最多只能集中20~30分钟,那么就意味着,一节课必定要通过1~2个小高潮去吸引学生注意力,才能有效完成教学内容的讲解。这就对教学环节设计的策略提出了更高的要求。

一、把好课程导入关

常言道,"好的开头是成功的一半",巧妙导入可以激发学生的求知欲望,诱发他们的积极思维。往往一个有趣的开头,就能建立起师生间的情感,有助于教学的和谐自然。从课堂经验来看,比较能吸引学生的开头为:案例法和提问讨论,将二者结合起来使用效果最好。案例法也就是举例,如热门新闻事件、媒体同行经历等都可以作为生动的案例,但一定要和当次课程内容有联系,这样既能抓住学生注意力又能帮助教师展开教学。在笔者所教授的《广电概论》课堂上,讲到关于真人秀节目时,在课堂上播放了电影《楚门的世界》预告片,并简单介绍了剧情,然后和学生一起讨论了时下几个热门的真人秀节目之后,才开始导入真人秀节目的定义、发展阶段等理论知识,为营造生动有趣的课堂打造了良好基础,也起到快速产生"注意力效应"、点燃学生思维火花的作用。

二、中部坚实突出

俗话讲,力气活靠的是腰板硬。一节好课,则要求中部坚实突出,即主体内容充实、丰富、饱满;又要讲究教学艺术,讲解通俗、生动、吸引人;还要激励有术启迪人。

运用好教材涉及面宽、时间跨度长、信息量大的特点，为学生多学、学精创造条件，还要补充好现代新闻信息，为学生自学、会学铺平道路。

讲解通俗生动吸引人。教育心理学告诉我们，最好的学习动因莫过于学生对所学知识产生内在的兴趣。而老师讲解通俗生动，就能最有效地吸引学生学习注意力，助推学生学习内驱力的产生，做到"师父领进门，修行在个人"。例如：在《广电概论》的课堂上讲到西方通讯社的时候，笔者先给同学们读了一篇美联社的新闻稿，谈的是文章、姚迪婚外情的问题，节选英文中同学们最感兴趣的一个片段。当同学们读到英文版的"且行且珍惜"时，都颇感震惊与意外。这时笔者不失时机地讲解美国、英国、德国等西方国家通讯社、广播台的创办历史和发展阶段，同学们印象深刻。另外，多用图示甚至漫画来代替枯燥的年代、新闻事件、新闻媒体的发展。教学讲解的重点是思路和引导，要教给学生一种思维方式，对国际国内事务的一种判断鉴别能力，一种正确积极的价值观世界观以及培养他们作为准新闻工作者的基本素养。

激励有术启迪人。英国教育家威廉·亚瑟说："平庸的教师是叙述，较好的教师是讲解，优秀的教师是示范，伟大的教师是启发。"常言道，学起源于思，思源于疑。深谙教育之道的老师，不会看重自己教给学生多少知识，而会注重学法上的指导。课堂上的成功不是解决一切问题，而是源源不断地生发新问题，所以才有"伟大的教师是启发"一说。例如在《新闻写作》课上讲到政治新闻写作的时候，如何将严肃的、政治意味浓重的新闻报道得让老百姓既爱看又能发挥政治报道的"喉舌"作用？为了能够使学生们有直观的感受，笔者首先在课堂上为学生们做了两篇报道的对比分析。为了加深大家的印象，把课堂上"他激"与"自激"有机结合起来，注重课堂气氛的营造，引导学生质疑，探究用问题牵引知识形成技能的方法。通过讨论，同学们各抒己见，深化了对政治新闻写作方法的理解。在《新闻写作》的课堂上，除了为学生讲授了传统的报纸新闻写作方法，还将微博新闻、短信新闻、微信公众号几种新媒体新闻写作引入，让学生自己寻找校园新闻，用140字的微博新闻、70字的短信新闻以及微信公众号的推送新闻，写作同一个新闻事实，既锻炼了学生的实践能力，又使他们亲身感受到不同传播平台的新闻写作具有不同特点，这种方式比教师单纯用理论知识点罗列更容易让学生领悟。又如在讲到《新闻写作》中消息导语的发展历程这一块的时候,如果按阶段条条框框地讲下来,特别有的导语是以上一代导语为基础衍生而出的,大家不容易记。笔者大胆提出,让同学们画一个导语的"Family Tree"出来,根据不同时期消息的不同特征,产生不同的导语形式,还有与上一代导语之间的关系。同学们认真作画,对每个阶段的导语有了更深刻的记忆与认识。

三、结课余味无穷

文章的结尾强调"结句当如撞钟,清音有余",结课则要"言有尽而意无穷,余言尽在不言中"。结课也是体现老师功力的重要环节。寓教于乐的教学结课,有利于把抽象的问题具体化、形象化,让学生看得见、摸得着,在感受中认识,在认识中理解,在理解中升华。我们知道,教学结课不仅仅是对一节课或者一段内容的总结,更重要的是让学生们掌握教学的核心内容以及逻辑关系,培养他们的独立思考能力和总结能力。例如讲到《新闻写作》新闻语言的内容时,由于网络的飞速发展,在我们生活中网络语言的使用已经日渐频繁,那么,传统媒体特别是报纸媒体又该如何面对网络语言这个问题呢?我们的学生恰恰是网络语言接触极多的人群,如果单纯地和学生讲"大道理",他们的接受度会比较低。于是笔者在课堂上要求每位学生写出 10 个印象最深的网络词语,然后统计全班同学印象最深的网络词语的前十名,和学生一起开始讨论这些词的本义和网络新意义,然后适时地结合理论知识对这些网络词语进行分类,讲解类型特点。

四、追求有效教学的途径

一堂课相当于一场演出,一定要做好演出前最充分的准备,还要设计出不同的方案。演出时一定要全身心投入,老师既是主角也是配角。说主角是因为整堂课老师讲得最多、演得最多,说配角是因为老师的表演最终目的是让学生们能够记住演出的内容和重点,并能够成为饭后的谈资。优化课堂教学有效性的关键就在于课堂环节的策略化设计,要想做一名优秀的教师一定要全方位地把控好课堂教学的各个环节。

（一）充分的课前准备

大凡成功的课必定是经过充分准备的课，备好课是上好课的前提。有效的备课必须教学目标清晰、简明。目标是方向，方向正确才能保证有的放矢，教学目标的高、多、空只能使教学任务难以在有限时间内完成。备课时制定明确、具体、科学的教学目标，围绕目标确立重点，优化教法，这样的课堂教学才会收到良好的效果。

备课的内容做到适量、适度。一节课教师讲多少内容，并没有明确的规定，讲多了学生嚼不烂，讲少了学生又不够吃。教师要遵循教育规律和教学原则，科学地安排与搭配教材内容，合理地组织各部分的练习，不能"贪多忽效"，也不能"求少图便"。

教学的宗旨是灵活、恰当。同一教学内容，不同的教法效果就会不同，教必须致力于"导"，服务于"学"。优化教学方法要从实际的教学内容、教材特点、学生情况出发，扬长避短选用教法。教法贴切，教学方有效。

（二）有效的课堂组织

这个环节是整个有效教学的实施阶段，在这个阶段教师首先要语言组织准确、简练。纵观那些课堂教学效率低下的课，无一例外都是教师的喋喋不休、啰里啰嗦挤占了学生的学习时间。一个教师，课堂上一定要组织教学语言，增强语言表达的科学性、针对性、准确性，做到清晰精炼、重点突出、逻辑性强。其次是时间组织恰到好处。教学各部分的时间分配，教者在备课时应预计，讲课时要调控。但有时因课堂上不变的因素较多，也许不是重点内容的教学却占用了一些时间，这时候，教者一定要站在整堂课的角度来安排时间。不言而喻，课堂教学在单位时间内完成的任务越好，浪费的时间越少，课的密度越大，教学质量就越高。

最后是教学组织面向全体学生。一位好的教师应该得到全体学生的尊敬与爱戴，一位好的教师应该使所有学生都受益。在课堂教学中，各环节的安排要尽可能以全体学生的参与为基础，以个别提问、小组交流、课堂检测等多种形式来了解大多数学生学习的情况。

(三)课后的有效练习

课后练习不在多,贵在精。现在有的教师在应试教育思想的影响下,大搞题海战,使学生的大部分时间都用在反复的抄写上,思维与能力得不到有效提升。提高练习的有效性就是要充分了解学情,因课设计练习,让学生在训练中思考问题、解决问题。

(本文系湖北大学教学改革研究项目"媒介融合时代高校新闻学实践教学改革研究"项目成果之一,项目编号:201432)

三、课程教学改革

新媒体发展趋势下高校如何培养网络新闻评论人才

——基于新闻评论课程为中心的讨论

张瑜烨　高　晓

摘　要： 在新媒体迅猛发展的背景下，网络新闻评论已成为影响社会舆论的重要因素，对网络舆论的引导起着重要作用。高校应顺应时代的发展进行教学改革，重视对网络新闻评论人才的培养，结合大学生自身特点，培养出一批能引领国家未来网络舆论的意见领袖。高校新闻教学应该重视网络新闻评论的人才的培养目标，以大学新闻传播学院新闻评论课程为中心，以大学生为主体，以"网络评论"专栏为平台，创建独特的"高校—网络媒体"联营的新闻评论模式，打造"提高师资力量，打造双师型师资队伍""充分利用校内网络实践平台""联合当地媒体，作为校外实习基地"的高校网络评论人才路径。

关键词： 新媒体；网络新闻评论；教学改革；高校

新世纪以来，网络的飞速发展与应用的普及，正在一步步改变人们的生活。据中国互联网络信息中心调查，截至 2014 年 6 月，我国网民规模达 6.32 亿人，网民在网上浏览新闻、获取信息的使用率达到了 79.6%[①]，庞大的市场需求，促进了近些年来新兴媒体的繁荣。网络也因其超强的互动性与开放性为公众意见的表达提供了一片广阔的空间，人们日渐选择通过网络来发出自己的声音，因此网络新闻评论势头正劲。媒体的变化与发展必然要反映到高校新闻评论课的教学过程中来，传统的新闻评论课以纸媒评论教学为

[①] 来自中国互联网络信息中心《第 34 次中国互联网络发展状况统计报告》.

主已不符合时代的需求,高校新闻评论课的教学目标、理念、方式都应相应调整,而改革为的是更好地适应当前新媒体时代的需求与挑战。

一、高校培养网络新闻评论人才的背景和意义

(一)网络新闻评论的重要性及发展状况

丁法章在《新闻评论教程》中提到评论作为三大新闻体裁之一,向来扮演着媒体灵魂的角色,它通过分析复杂新闻事件来引导舆论、监督政府和社会,设置和影响着大众的议论话题。但随着互联网的普及应用,网络因其强时效性、交互性、低门槛等特性为公众意见的表达提供了另一片广阔的空间,各种不同观点自由表达在网络上形成"百花齐放百家争鸣"之势。在这种趋势下,各大新闻网站慢慢重视同网友的互动,建立起评论栏目作为网民表达意见的专业平台,如最早在 2000 年,上海东方网设立"今日眉批"评论专栏,同时期设立的人民网的"人民时评"栏目、新华网的"新华视点"、搜狐网的"搜狐视线"、网易的"第三只眼"、新浪网的"新浪时评"等①,以期在琳琅满目的网络空间中吸引更多读者的注意,提高网站的关注度,提升网站的品牌价值。

由此可见,网络新闻评论既继承了传统新闻评论的优点,并借助网络这一载体发挥着更大的作用,能够更加及时而又敏锐地捕捉社会思想与问题,具有传达民意、聚集舆论、发泄社会情绪,并提供治理国家的参考依据给管理者和决策者等作用。②因为影响力日趋增大,网络新闻评论也逐步得到了新闻业界的重视。自 2006 年第一次进入中国新闻奖,网络新闻评论作品获奖数量逐年增多。能获得本行业权威奖项的认可,其重要性不可小觑。

与网络新闻评论之火热现象相反的是专业评论人才的大量稀缺,有专家预言,"未来 3～5 年,我国新媒体人才和媒体融合人才的缺口将达 60 万～80 万人"。③这导致网络新闻评论在这些年的快速发展中也呈现一个

① 杜骏飞,巢乃鹏. 中国网络新闻事业管理[M]. 北京:中国人民大学出版社,2004.
② 周灿华. 网络新闻评论的特点及影响[J]. 现代视听,2008(3).
③ 苟凯. 新媒体人才战略探析[J]. 中国记者,2011(8).

突出的问题:原创作品少,评论人员职业道德与素质参差不齐导致作品质量没法保证。一些不良、不实的言论信息经过网络的发酵可能会激发不良的社会情绪,容易引发"网络暴力",导致无法估量的后果。所以近些年来,党中央多次发文,要求各地各级网站进一步重视网上评论工作,加强评论员建设。习近平总书记在2014年召开的中央网络安全和信息化领导小组第一次会议上强调,要把握好网上舆论引导,运用网络传播规律,弘扬主旋律,激发正能量。

(二)大学生是网络主力军

网络相较于传统媒体而言所含内容形式丰富多样,获取信息也变得更便捷、及时,再加上其较强的互动性,大大满足了大学生对信息的需求。据统计,学生是中国网民中最大的群体,占比25.1%,而大学生占比10.7%[①],可见网络已成为大学生生活的一部分,大学生是网络的主力军。

大学生正接受高等教育,是社会的知识分子,较之其他群体而言社会责任感强、思维活跃,更关心国家社会的发展,会密切关注网络事件,并积极参与公共事务的讨论。拉扎斯菲尔德在撰写的《人民的选择》一书中曾提到"意见领袖"一词,由他们提供信息并引导舆论。而大学生群体对网络媒介的接触强,且知识储备足,观点原创性强;另一方面在网络时代,新媒体的受众更多的是年轻一代,人们更愿意接受活泼、新颖的表达方式,而大学生的接受能力强,评论语言更符合网络特性,所写文章更易被接受,所以高校网络评员更容易在互联网上形成意见领袖,能更好地去引导舆论走向。

(三)高校新闻评论课现状

新闻评论是一种高校新闻学专业的课程体系的主要课程之一,是应用新闻学的一个重要分支。当下大部分高校的新闻评论课仍然偏重传统媒体评论的讲授,尽管国内部分主要的新闻评论专著,诸如丁法章版《新闻评论教程》、马少华版《新闻评论教程》、赵振宇版《现代新闻评论》等,已经在修订版中加入了网络新闻评论部分,但依然对其重视不够,所培育的评论人才难

---

① 引自《第34次互联网络发展状况统计报告》。

以适应媒介发展的现实需求,大学生毕业后也更难就业。所以高校培养网评人才意义重大。首先,高校教育不应与社会脱节,应当顺应时代的潮流,不断探索如何更好地培养新闻评论人才,以弥补市场空缺,符合社会需求;其次,经过高校专业的培养,向社会输出的网评人员的整体素养、职业操守会有所提高,能够为以网络媒体为特征的社会输送合格的网络舆论人才。这也是高校成为培训网络舆论人才的重要阵地,积极响应习总书记"抓好舆论引导工作"号召的有力举措。

二、高校培养网络新闻评论人才的目标

(一)国家层面:弘扬社会主义核心价值观,传播正能量

习近平主席发表的一系列讲话中对舆论引导工作做了详细论述,《人民日报》社社长杨振武表示新闻舆论处于意识形态的最前沿,是新闻宣传工作的重中之重。新闻评论对舆论的形成作用毋庸置疑,而评论员文章的质量关乎舆论导向,其水平主要取决于高校的培养。所以高校对网络新闻评论人才的培养符合国家的需求,通过教育向新媒体输送一大批专业的优秀网络新闻评论人才,形成一批网络意见领袖,从而改变上文中提到的当下网络新闻评论发展中一些不良现象。生产出更多的具备深刻社会意义并为广大网民喜爱的优质评论,弘扬社会主义核心价值观,传播正能量,形成较好的舆论氛围。

(二)社会层面:坚守未来舆论阵地,引领舆论方向

高校新闻传播学院应该把网络新闻评论作为未来新闻教学的"拳头产品"打造。未来网络舆论阵地的坚守在某种程度上取决于"舆论精英","舆论精英"重要来源是受过舆论训练的大学生。培养学生写出好的网络评论在于两个方面:

其一,要培养大学生的网络社会责任感。要写出一篇好的评论更重要的是评论员自身素质的提高。大学生评论员由于自身阅历、知识储备等方面的不足,并不能较好地担当意见领袖角色。这就要求高校在教学过程中

应该克服实用主义、功利化，在提升专业能力的同时应完善和提高其综合素质，重视对新闻伦理与职业道德的教育。提升大学生的社会责任感、敢于表达自己的声音的同时，还要教导其更理性地对待网络事件，学会对自己的言论负责。

其二，要有驾驭网络媒体的扎实基本功。无论是网络新闻评论还是传统媒体的新闻评论，写作是基础，内容为王，但网络新闻评论更讲究"快"与"独"。这就要求教师在讲授新闻评论理论部分的同时，也应重视学生勤思善思习惯的培养，多鼓励学生拓展知识体系，通过网络技巧上的训练提高学生的逻辑分析力，这样才能针对网络事件的发生及时做出准确的分析与判断，能够发现问题的本质，实时恰当表达独到的观点。

(三)大学生自身：培养学生就业的核心竞争力目标

学生接受高等教育的重要目的是希望通过学习掌握某项区别于他人的能力，并能在未来的择业竞争中取得明显的优势。而高校网络新闻评论正是通过系统的理论讲授与相应的实践，让学生能写出优质评论，成为新闻评论优秀人才。例如新闻评论界的杰出青年曹林，便是毕业于华中科技大学新闻与信息传播学院的评论班。无论是培养何种人才，走怎样的路径，学生的应用能力才是对教育理念、模式是否成功的最终反馈。而当下高校的教育与就业之间似乎总有一道隐形的河流需要跨越，从高校毕业进入媒体行业工作却不能很快上手或者是已经完全过时。这就要求高校的教学理念、方式与时俱进，培养网络新闻评论人才时注重实践教学，让学生获得更多实战经验，熟悉媒体的运作方式。通过对大学生网络评论员的培养，学生拥有这种能力后能找到合适的工作，解决就业这一大难题；各新媒体也通过高校向其输送的评论人才，提高评论队伍质量，弥补人才缺口，提升媒体价值，促进媒体行业的发展。

三、高校培养网络新闻评论人才的革新

湖北大学新闻传播专业成立于1987年，至今已有28年的办学历史。在新媒体迅速发展环境下，应时代的需求，为了更好地培养网络新闻评论人

才,湖北大学新闻传播学院选择一条"依托新闻评论课程,联合地方新媒体评论专栏"的联合路径,在新闻评论课程上做了多方面革新。

(一)教学内容的革新

一方面,以往新闻评论授课内容繁多,且以报纸评论为主要授课内容。课程改革要求以学生为主体,更关注学生的需求以及社会对学生的要求。所以在理论讲授部分,对广播评论、电视评论和网络评论也予以侧重,介绍不同媒体的写作特点,在有限课时内精讲,夯实学生理论基础;另一方面,不只注重对写作技能上的教育,更加注重学生评论素质的提升,通过分析优秀的网络评论员、经典案例来习得评论员应有的素质;引导学生剖析社会热点事件,锻炼学生独立思考的本领与提高敏锐性;给学生推荐各方面书籍,开拓学生知识面。说到底,新闻评论更多的是教给学生一种对社会现象的理解方式。没有思想和准确的理解,掌握再多技巧也无用。

(二)教学方法的革新

课堂老师多提问,重在训练学生的评论思维能力。传统的新闻评论教学课堂上基本是老师讲、学生记的形式,课堂气氛较为沉闷,学生对评论兴趣不高,影响教学质量。而改革后的课堂注重与学生的互动,以学生为主,多提问,巧提问,引导学生思考。新闻评论是一门实务性的写作课,更是一门思维训练的课程,老师与学生互动交流的过程是更好地对学生进行思维上的训练,比写出评论这一结果而言,评论思维过程训练更为重要。

利用经典案例、时事案例,重在训练学生对网络事件的评论分析能力。教师把获得新闻奖的网络评论或新近发生并引起广泛关注的事件的网络评论拿来分析,通过分析案例让学生加深理论的理解。先让学生讨论该评论亮点、不足之处,分析其逻辑思维过程,学习其写法,让学生换位思考对同样的问题你会怎么写,让学生主动参与其中,加深印象。

即兴点评,重在训练学生对新闻事件的快速反应能力。授课教师会在每次课前提问学生最近关注的事件或是抛出一个热点事件,让学生就这一事件简要发表自己的看法。一方面,培养学生平时多关注新闻事件、社会热点的习惯,培养学生时代感;另一方面,网络新闻评论一特点就是发声速度快,语言简练,而即兴点评的训练能够很好地锻炼学生的快速反应能力、思维能力以及表达能力,更加符合网络的特性。

(三)教学实践的革新

新闻评论毕竟是一门实务性的课程,光说不练也不行。在实践上,一方面是留作业让学生多写评论,另一方面更加重视课外实践,成立大学生网络评论实训基地,充分利用当地媒体资源与荆楚网的《东湖评论》合作,通过在媒体平台上发评论来激励学生多写评论,也让学生更好更快地适应网络评论写作,获得实战经验。荆楚网是湖北省重点新闻门户网站,网络时评栏目《东湖评论》创办于2006年,是以高品质原创评论为主,曾被评为中国互联网品牌栏目,曾多次获得中国新闻奖一、二、三等奖,在网络时评界具有较强的影响力和公信力。

网络评论人才培养模式的重点在于文艺评论,其原因如下:一是习近平总书记在北京文艺座谈会上就文艺发展为题发表重要讲话,这表明党和国家对文艺工作的高度重视,而在讲话中习总书记强调要高度重视和切实加强文艺评论工作,把文艺评论摆上十分突出的位置,营造良好的文艺批评氛围;二是当下文艺市场混乱,存在文艺作品质量低、内容庸俗低俗媚俗、抄袭模仿等一系列问题,亟需正本清源,而文艺评论就是文艺创作的镜子和良药,利于端正文化风气;三是大学生思维活跃、文化素养较高,且大学校园校园文化氛围较浓,文艺事业发展与他们生活息息相关,所以文艺评论也更适合大学生来写;四是湖北大学一贯具有浓厚的文化氛围,前身是师范院校,文学艺术基础好,现有一个国家大学生文化素质教育基地。

四、高校培养网络新闻评论人才的模式

湖北大学新闻传播学院与荆楚网携手合作,以湖北大学新闻传播学院新闻评论课程为中心,以湖北大学新闻传播学院大二学生为主体,以"东湖评论"专栏为平台,组建"东湖—湖大文艺荟"评论社团,取名"琴园论道"评论社团。这一模式的特点在于保持新闻学界与业界的密切沟通,在各自领域优势互补,从而实现共赢。

(一)合作方案

首先是合同方案的制定。为聚焦文艺工作热点、传递主流核心价值、促进文艺评论良好氛围、推动湖北文艺更大繁荣,荆楚网于2014年5月正式与湖北大学新闻传播学院签订合作合同,也标志湖北大学正式在《东湖评论》建立大学生网络评论实训基地。合同内容包括以下几个方面:

一是湖大新闻传播学院结合全年教学计划,安排老师定期给学生进行文艺评论写作指导,建立常备文艺评论写作库,对常发文艺新闻的热点话题和领域,有针对性地进行训练,提高评论应急反应速度。并在专业老师指导下,组建湖大核心评论员队伍。每周写稿2篇以上的学生,将被评为"优秀学生评论员",《东湖评论》为其提供实习机会,优秀文艺评论稿件推荐到《网络文学》杂志上刊登。

二是除了提供一个发稿平台,湖北大学新闻传播学院联合文学院与荆楚网合作,共同对本科生、硕士研究生有关文艺评论课题研究进行指导,进行互报科研课题制,扩大《东湖评论》在"文艺评论"的影响力。

三是荆楚网与湖北大学媒介研究中心、湖北大学国际文化传播研究中心达成合作关系,双方定期互相派出研究人员进行讲学、科研,定期开展学术交流。

(二)组织机构的建立

首先荆楚网《东湖评论》专栏为湖北大学网络评论指导老师颁发聘书,再由指导老师对在校新闻传播、广播电视、播音主持专业的学生进行选拔,组建网络新闻评论团队,旨在创作独到的、迎合当下热点的文艺评论队伍,也间杂对各类时政、社会、财经等时事评论。指导老师先在相应的专业班级进行宣传,向学校院系讲解合作的具体境况,有意愿的学生先提交一份书面申请。指导老师通过书面申请进行第一轮筛选,召集被留下来的学生开会再次具体谈论合作细节等情况,然后通知其进行第二轮面试。第二轮面试中,老师通过问一些具体问题来了解学生是否适合这个团队,以及是否真心愿意坚持。通过两层筛选后共选出10名同学组建"琴园论道"评论团队,并建立湖大文艺评论QQ群,群成员包括《东湖评论》新闻评论中心编辑部成员、湖大带队老师、湖大骨干学生等,再通过 QQ 群联系、交流。

(三)具体操作流程

1. 选题的挑选流程

实行选题互报制度。《东湖评论》值班编辑在获知重大和突发文艺事件新闻后,与值班主任和湖大带队老师进行沟通,确定评论选题。评论员有感兴趣的文艺评论选题,也会及时与值班编辑沟通协商,确定选题及写作方向。选题确定后,值班编辑将选题发在 QQ 群(如图 1),做一些提示后再由大家自由讨论,由带队老师指导写作。

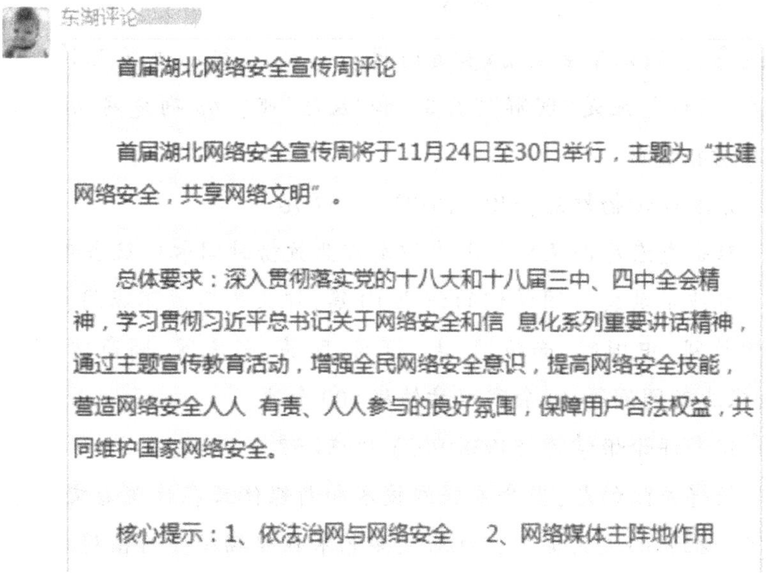

东湖评论

首届湖北网络安全宣传周评论

首届湖北网络安全宣传周将于11月24日至30日举行,主题为"共建网络安全,共享网络文明"。

总体要求:深入贯彻落实党的十八大和十八届三中、四中全会精神,学习贯彻习近平总书记关于网络安全和信息化系列重要讲话精神,通过主题宣传教育活动,增强全民网络安全意识,提高网络安全技能,营造网络安全人人有责、人人参与的良好氛围,保障用户合法权益,共同维护国家网络安全。

核心提示:1、依法治网与网络安全 2、网络媒体主阵地作用

图1 《东湖评论》编辑在 QQ 群里提供选题

定期举办文艺沙龙。由荆楚网《东湖评论》部牵头定期每月举办文艺沙龙,开展互动式体验活动。每次文艺沙龙会事先由《东湖评论》的编辑与学生进行沟通,了解大家感兴趣的热门文艺话题确定为沙龙主题。沙龙主题主要包括文艺评论的对象范围及表现形式:如何打造高素质的文艺评论队伍、文艺评论写作方法探讨、文艺评论与社会主义核心价值观、新中国成立以来文艺工作指导精神学习、文艺评论与媒介批评、文艺评论与全媒体时代等。如"《黄金时代》PK 黄渤时代"为第一次沙龙主题,谈论当下热播的文艺电影,

从文艺电影《黄金时代》的惨淡票房看当下文艺电影的发展之路。沙龙除了有荆楚网《东湖评论》相关工作人员、湖大带队老师、评论组学生，还会邀请相关专家指导解读，邀请其他高校的学生进行交流。地点一般定在咖啡厅或书屋，在轻松的氛围内进行讨论。由主持人抛出话题，学生、老师围绕话题畅所欲言，进行头脑风暴。在沙龙结束后，由编辑布置与主题相关的选题，作为作业在规定时间内成稿。同时，《东湖评论》编辑实时针对与文艺沙龙主题相关的讨论发到 QQ 群里，扩大同学们评论写作视野。

　　东湖评论陈莉霖(13934213)　00:23:24
　　# 东湖评论 #【评论沙龙第 1 期:《黄金时代》PK"黄渤时代"】自由发言时，有一位文艺片的铁粉表示，因为"对那段历史太熟悉了，对萧红太熟悉了"所以不会去看《黄金时代》。对此，我很不理解，Why？文艺片，不为"了解"，应是"理解""共鸣"和"反思"吧？ @荆楚网　@东湖评论 @中青报曹林

　　东湖评论杨虹磊(340321672)　20:37:16
　　双击查看原图又到了本次沙龙作业放榜时间啦！双击查看原图
　　本沙龙共发布同学们的作业 10 篇，作业先后被环球网、人民网、共产党员网、中国网、南报网、大 河网、网易、新民网、闽商网、中国日报网、东北新闻网等 40 余家网站转载 300 余次。

　　东湖评论姬学涛(549381902)　09:54:57
　　值得关注的是，当今互联网技术和新媒体正在改变着文艺形态，催生了一批新的文艺类型，也对文学艺术在弘扬核心价值观方面的作用提出了新的要求。

　　总书记在讲到互联网文学时，停下来问："听说今天来了两位网络作家，是哪两位啊？"
　　周小平、花千芳迅速站起来并向总书记举手示意。
　　"你们好！"总书记说。
　　两位年轻的网络作家略显紧张地回答："您好，总书记！"
　　座谈会结束时，习近平还走到他们面前，亲切地说："希望你们创作更多具有正能量的作品。"

习近平主持文艺座谈会：共商文艺繁荣发展大计

http://news.southcn.com/sd/content/2014-10/16/content_110227287.htm

精心组织评论策划。为了让评论的影响力加大，让评论更有针对性，评论组精心组织评论选题策划。《东湖评论》编辑部利用媒体对丰富新闻资源的掌握，结合当前社会热点，在QQ群里发布精心策划的评论主题。包括评论的选题范围、新闻背景、拟定评论角度和参考链接、新闻链接汇总等。

信义夫妻评论策划

新闻背景：

1月13日，"湖北再现信义夫妻：女工头被撞身亡 夫含泪给工友结薪10万"一事，由荆楚网报道后引发社会强烈关注。14日，湖北日报头版、二版刊登相关新闻报道，从不同角度报道何运香夫妇的感人事迹。

湖北再现信义夫妻：女工头被撞身亡 夫含泪给工友结薪10万

http://photo.cnhubei.com/2015/0113/194860.shtml

拟定评论角度，供各位老师参考：

1.继承和发扬信义夫妻诚实守信的精气神 武汉温度 诚信荆楚

"豪爽"女工头从不少发一分钱

"泼辣"何队长时刻心系众工友

"铁打"何嫂子干活冲在最前头

"贴心"何大姐诚信精神永传递

参考链接：

(1)工友忆信义妻子何运香：干活冲在最前头 从不少发一分钱

http://news.cnhubei.com/xw/sh/201501/t3155196.shtml

(2)荆楚诚实守信典型人物事迹回顾：一句话 一辈子

http://www.wenming.cn/ddmf_296/dx/201404/t20140422_1889347.shtml

2. 关注生产安全 交通文明 整治疯狂渣土车

12月29日5时35分，武汉经济技术开发区四新南路海伦春天附近发生一起交通事故，驾驶员龚某驾驶重型自卸货车将清扫路面的何运香、许桂芳碰撞，造成何运香、徐桂芳受伤，其中何运香伤后经送医抢救无效死亡。

参考链接:

(1)武汉一女环卫工马路中央捡垃圾　连遭两车撞击后身亡

http://news.cnhubei.com/xw/sh/201411/t3097478.shtml

(2)武汉20岁男子驾百万豪车连撞5棵树致一人身亡

http://henan.china.com.cn/special/2014/1230/147183.shtml

3. 不能总让好人把悲伤留给自己

发展和完善困难救助

用工单位　人身意外保险

参考链接:

(1)孙东林委托信义兄弟基金会看望慰问邓双生(图)

http://news.cnhubei.com/xw/sh/201501/t3155145.shtml

(2)汉阳区城管委慰问邓双生　批其长假处理后事

http://news.cnhubei.com/xw/sh/201501/t3155176.shtml

4. 由信义夫妻　关注农民工讨薪难

对一些农民工而言,工程结束的日子也就是他们踏上漫漫讨薪路的开始

参考链接:

(1)农民工讨薪面临取证难"年年欠薪年年讨"何时休

http://www.cs.com.cn/xwzx/jr/201501/t20150114_4617595.html

(2)新华社关注农民工讨薪难:一些地方政府就是任性

http://politics.gmw.cn/2014-12/12/content_14150122.htm

5. 关注事故善后

医院可以尽量减免医药费,但交通肇事罪,按交警处理结果和保险公司赔偿才是根本办法　关键是要提速

邓双生告诉荆楚网记者,他们现在还欠医院3.9万元,结不清账,遗体就在太平间放着不能运出来。而肇事方以等待交警处理结果和保险公司赔偿需要走程序为由,迟迟没有支付剩余费用。

何运香的多位亲属表示,他们都是本分人,事发后没有去闹事,只希望事情能得到合理解决,早日让死者入土为安。

参考链接：

(1)汉阳区慰问信义夫妻 邓双生惦记受伤工友婉拒慰问金

http://news.cnhubei.com/xw/sh/201501/t3155195.shtml

(2)驾车撞人致死事故处理

http://china.findlaw.cn/ask/question_20874077.html

新闻链接汇总：

湖北信义夫妻事迹引热议 网民：把悲伤留给自己的好人

http://news.cnhubei.com/xw/sh/201501/t3155136.shtml

湖北再现信义夫妻：女工头被撞身亡 夫含泪给工友结薪10万

http://photo.cnhubei.com/2015/0113/194860.shtml

工友忆信义妻子何运香：干活冲在最前头 从不少发一分钱

http://news.cnhubei.com/xw/sh/201501/t3155196.shtml

汉阳区城管委慰问邓双生 批其长假处理后事

http://news.cnhubei.com/xw/sh/201501/t3155176.shtml

孙东林委托信义兄弟基金会看望慰问邓双生(图)

http://news.cnhubei.com/xw/sh/201501/t3155145.shtml

汉阳区慰问信义夫妻 邓双生惦记受伤工友婉拒慰问金

http://news.cnhubei.com/xw/sh/201501/t3155195.shtm 2015-01-16

2. 写稿流程

评论小组成员在收到选题后,如就"《黄金时代》PK 黄渤时代"这一主题而言,得知评论大致要围绕着文艺电影来谈,并不限定具体的范围,所以各自找一个自己擅长的、感兴趣的评论角度。然后再搜索相关新闻报道对事件进行全面的了解,如对《黄金时代》幕后创作背景的报道、网上观众对该电影的评价、历来文艺电影与商业电影的票房比较等。然后再查阅相应的资料开拓思维,如他人对该事件的评论,深思后进行写作,将自己的观点有效地表达出来,然后反复修改。

3. 送稿与发稿流程

小组成员写完稿后,按照网站规定的格式编排好发给《东湖评论》投稿邮箱或者网站编辑邮箱。评论员投稿后,编辑按照稿件投稿要求进行筛选,符合条件的,按发布流程发表;不符合发布要求的,稿件返回,提出指导意见,由评论员修改,直至符合稿件发布要求。稿件将会在投稿后的 24 小时以内发布,稿件发布后,根据文艺评论工作要求,结合网上反馈情况、上级主管部门意见和事件的动态进展情况,持续跟进。

4. 总结归纳流程

在稿件发布后的第二天,《东湖评论》编辑会在 QQ 群里发布该稿件被转载的情况,并链接到群里给大家学习。每次高校文艺沙龙后,编辑会在《东湖评论》官方网站做一个沙龙专题,如图 2。然后在 QQ 群里做汇报总结,链接沙龙新闻报道、高校沙龙系列评论以及小编参加沙龙后写的《读编往来》。然后提出该稿件的优、缺点,通过稿件来讲解网络评论一些相关写作技巧,归纳大学生评论常见问题及提出一些解决建议等。下面图 345 为第一次文艺沙龙"《黄金时代》PK 黄渤时代"后的归纳总结截图。

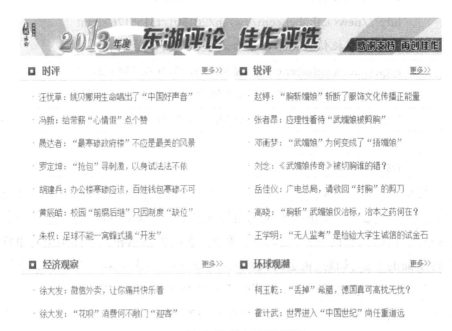

图 2 《东湖评论》官网评论版块

今天整理同学的作业，发现一些问题，现在提出来，望同学们

批评指正：

1、把评论写成了小论文（注意分清评论和论文的区别）

2、引用过多的新闻或者是理论数据

3、观点不突出，全篇只是在论述一个新闻事实，而没有鲜明的

提出自己的观点

4、评论的标题过长或者过短，标题一般12字为宜，忌出现"浅

谈XXX"、"浅议XXX"这样的标题

5、评论的基本框架还没有掌握，附上东湖评论的投稿须知

图3

解决方法：

初学者写作模式：

1、新闻源（例如：中共中央总书记、国家主席、中央军委主

席习近平在文艺工作座谈会上指出，一部好的文 艺作

品...（10月16日新华网））

2、提出观点

3、分析问题

4、解决问题

注意的重点：评论一定要有观点

图4

东湖评论第一期高校沙龙活动汇报总结：

1、新闻稿：

湖北高校沙龙畅谈文艺电影：《黄金时代》PK黄渤时代

http://news.cnhubei.com/xw/wh/201410/t3071871.shtml

2、根据同学们交作业情况，整理出系列评论：

湖北高校沙龙系列评论

http://focus.cnhubei.com/ruip/201410/t3072274.shtml

3、小编参加沙龙活动后写的《读编往来》：

【读编往来】高校评论沙龙第一期：《黄金时代》PK "黄渤时代"

http://focus.cnhubei.com/core/201410/t3072302.shtml

图5

（四）成绩与社会效果

正式合作 4 个月以来，10 名同学共发表评论 112 篇评论，多篇评论被人民网、光明网、环球网、网易新闻、共产党员网转载。每次举办文艺沙龙后，文艺评论社团会将活动情况同步发布渠道——社区、微博、神马新闻客户端、手机报、电子阅报栏等，扩大《东湖评论》"文艺评论"的影响力。下面对已发表的评论做出相关统计。

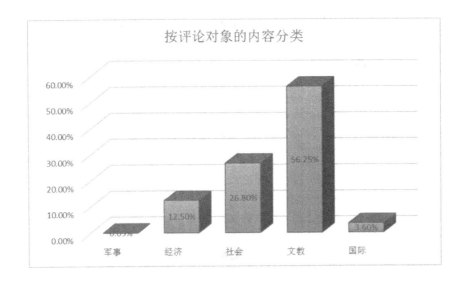

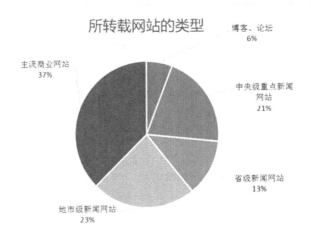

附:中央级重点网站:人民网、新华网、光明网、环球网、中国日报网、中国经济网等
　　省级新闻网站:长城网、贵阳网、中国江苏网、东北新闻网、东南网等
　　市地级新闻网站:长江网、西i网、汉丰网、厦门网、南报网等
　　主流商业网站:网易、新浪、搜狐、腾讯等
　　博客、论坛:新浪博客,天涯博客,秦楚论坛,亿房论坛,法务之家,城市吧等

五、高校培养网络新闻评论人才的路径

(一)提高师资力量,打造"双师型"师资队伍

著名媒体评论人曹林在《时评写作十讲》中提出,新闻评论教学本身是有缺陷的,便是经常只面对作品却忽视了作品形成的过程,但这个过程是隐藏在作者的脑子里,是一个灵活的、具有创造性的过程,这个过程才是最珍贵的资源。目前,很多地方高校新闻教师多为研究型,缺乏媒体实践经验,教学更多的是揣摩已让人发表出来的作品。这样的教学就如曹林批评的,由"帮助他人提高其想法的表达能力"不知不觉退缩到"帮助他人提高表达效率"这一技术层面了。高校应该鼓励在职教师到网络媒体挂职锻炼,真正去了解媒体一线的动态,给学生讲授一篇评论从脑海生发灵感到具体成产出来的整个过程,使得教学更加生动、真实。同时,引进具有丰富职业经历的媒体从业人员为学生做讲座,以他们自身的写作、编辑经验和感悟来与学生交流,学习网络新闻评论的实用技巧,以及网络新闻评论人才应具备的各项素质,让学生进一步去了解课堂外的这个行业。

(二)充分利用校内网络实践平台

学生是一个非常活跃且具有创造性的群体,教学可充分利用学生媒体。鼓励学生创办网站,并通过各种宣传将网站推广到全校师生,有人看到学生创办网站才会更有激情地去经营管理与创作。可以定期向学生约稿,对国内外的热点问题发表评论,并通过校友、老师们的跟帖交流探讨,听取意见,不断进步。并且可以在网上设置每月发稿之星、最受欢迎评论的评选,将每一个学生媒体的业务成果纳入课堂教学的点评、课程成绩组成范围内。这种方

式既锻炼了学生写网络评论的能力,更重要的是学生通过对稿件的编辑、网站的经营管理,加深对新媒体的认识,熟悉网站的运作流程,熟练使用网站编辑、视频编辑、图片编辑等软件,成为"全能型"人才。

(三)联合当地媒体,作为校外实习基地

评论作为一门实践性的课程,知己知彼方能百战百胜。学生如果没有机会了解媒体一线的运作,高校培养出来的人才依然缺乏竞争力,很难与媒体接轨。所以高校可与当地媒体密切合作,学生可利用课余或者假期到媒体去实习,亲自到媒体一线去感受。可以让媒体评论员以"一帮一"或"一帮多"的方式指导学生,交流、学习更为直接。由评论员给学生布置选题、改稿,传授他们在多年实践中形成的真知灼见。学生通过到媒体的实习,也可更好地判断自己是否真正喜欢这一行,是否真正适合这一行,从而更准确地做出人生规划。

高校媒介伦理课程案例教学的实践思考

钱燕妮

摘　要：随着我国高等教育教学改革的不断深入发展，案例教学被越来越多地运用到高校课堂教学中。本文结合笔者教学实践，探讨高校媒介伦理课程案例教学的具体应用。媒介伦理课程的教学目的决定了案例教学在该课程中占有重要的地位和作用。在媒介伦理教学中，案例选择要注意具有针对性、典型性、争议性、前沿性和接近性。案例教学中要重视课程基础知识的讲授，设计好案例教学的环节，充分发挥学生的主体作用，及时更新案例。

关键词：高等教育；媒介伦理；案例教学

"案例教学是以具有代表性、典型性和前沿性的案例为教材，在教师指导下，运用多种方式启发学生独立思考，对案例提供的客观事实和问题进行分析、研究，作出判断和决策的一种理论联系实际的教学方法。"① 作为一种现代教学方法，案例教学最早起源于 19 世纪末的美国医学院、法学院和军事学院，后来在美国哈佛大学管理学院得以完善和发展，成为一种新型的教学模式。美国学者小劳伦斯·E.列恩认为："案例教学的方法就是教师以教学案例为基础，在课堂中帮助学习者达到特定学习目的的一整套教学方法及技巧。在现实生活中，一些复杂问题的解决方法既不能在教科书中找到，也不可能获得人人都赞同的'正确答案'。案例方法为学习者设想了这样的一个世界，即通常在时间很短、信息不充分的条件下，需要靠批判性思维技巧和能力来提出有说服力的论点。"他认为，案例教学的目的是要努力促进专业知识的提高和行为技能的发展，它应以焦点或

---

① 王平. 案例教学在新闻教学中的运用[J]. 今传媒,2006(1).

问题为导向,在本质上关注解释现实生活和经验。①20世纪80年代初,案例教学被引入中国,最早应用于企业管理教学。之后,由于案例教学能激发学生独立思考,使学生的主动性、积极性、自我表现欲得到充分的展示,创造生动活泼又具有实际操控意义的教学氛围,因此,这种教学方法得到广大师生的认可和欢迎,很快应用于管理学、伦理学、新闻学等课程的教学中。

案例教学有着明显的特点和作用。在采用案例教学的课堂上,教师的主要任务是提供案例资料并组织学生进行对话交流,教学以讨论为主,信息和观点在师生之间双向流动,学生成为课堂的主角,学生可以畅所欲言,积极投入,课堂氛围自由、活跃,学生可以通过对案例的思考、讨论,加深其对相关知识的理解,并培养学生独立思考和解决问题的能力。

一、在媒介伦理课程中开展案例教学的理由

案例教学特别适合培养决策型、应用型人才的学科,这也是案例教学率先在法学、管理学这类应用性很强的学科教学中得以运用并发展的原因。这类学科不仅要教授学生知识,而且必须训练学生将知识转化为操作能力。正如克里斯坦森所言:"案例教学的目的就是帮助学生培养一种理解问题的方式并且有助于一个组织的问题的解决。"② 也正如中国学者郭晓来所言:"案例方法是一种非常好的实用培训方法,它的主要优点是团队学习、分享经验和解决问题。它不仅对提高学员能力和改变行为有所帮助,而且,也是学习结合实践的一种方法。"③ 新闻传播学作为实践应用性较强的社会科学,也适用案例教学方法。中国人民大学新闻学院蔡雯教授认为,新闻传播学"要为新闻与传播业培养决策与应用型人才,要让学生在走上工作岗位之后能够尽快适应社会与工作环境,在面临复杂的问题时果断而正确地决策,那么,运用案例教学加强对他们的思维和技能训练,帮助他们掌握解决问题的方法和技巧就尤其必要。"④ 为此,国内不少高校的新闻传播院系也进行了

① 小劳伦斯·E. 列恩. 公共管理案例教学指南[M]. 北京:中国人民大学出版社,2001:3-5.
② Christensen, C. Roland, with Abby J. Hansen. Teaching and the Case Method: Texts, Case, and Readings. Boston: Harvard Business School, 1987:27.
③ 郭晓来. 什么是案例教学[N]. 学习时报,2007-12-5.
④ 蔡雯. 论新闻传播的案例教学——兼谈案例库建设对新闻传播教育发展的意义[J]. 国际新闻界,2008(2).

积极的教学探索和实践,其中,中国人民大学新闻学院在蔡雯教授主持下,于 2005 年启动了"新闻传播学案例库建设"项目,希望以此带动新闻传播学科的案例建设和案例教学法的推广,全面提高教学质量。数年下来,取得了明显的成效。

媒介伦理是一门边缘课程,它大量借鉴伦理学的理论、观点和分析方法。由于新闻传播专业的学生往往缺少伦理学方面的知识库存,不习惯用伦理学的逻辑和思维方式来看待新闻传播过程中的一些问题,这就造成了教师与学生在"教"与"学"方面的畏难情绪。将案例教学引入媒介伦理课堂,学生面对较为直接感性的案例素材,会有相对具体生动的情境体验,能够更加积极主动地去体会媒介伦理的内涵。

媒介伦理,既是一种经院学术,也是一种田野实践。媒介伦理教育必须立足传播实践,在此基础上进行分析、综合、抽象、演绎,揭示传播的伦理规律,提出解决传播现实问题的策略和方法。媒介伦理课程不仅要讲授媒介伦理的基本知识与理论,更要培养学生良好的职业道德意识;它不仅要求学生掌握传媒职业道德的基本规范和要求,更要具备正确评析和处理媒介职业道德中的问题与矛盾的基本能力。这一目标的实现,单靠传统的"说教式"教学难以取得应有效果,只有通过古今中外传播实践中伦理问题的生动实例的深入剖析,激烈的论争加上理性的探讨和升华才能达到。在对媒介伦理案例进行课堂讨论的过程中,学生增加了对当前社会上正反道德现象的了解,增多了对现实媒介伦理问题探讨的机会,提高了学生对社会现象是非善恶的分辨能力。在对媒介伦理案例的讨论中,用一定的伦理问题冲突引出学生的各种伦理道德观点,进入道德认知上的不确定和冲突状态,经过争论和辨析,再通过教师的正确引导,提高学生的道德判断能力和道德认识水平。这些都是单纯的"讲授"所无法达到的效果。

媒介伦理课程涉及的是 19 世纪以来 100 多年里中外大众传播实践中产生的各种伦理问题,时间跨度长,空间范围广,案例丰富。同时,随着国内外传播技术的日新月异和媒介领域的不断拓展,新的媒介伦理问题层出不穷,网络传播伦理、图片和视频伦理、广告伦理、公共关系传播伦理等成为媒介伦理研究的新领域和新方向。总之,传媒实践领域的复杂性、广阔性为媒介伦理课程案例教学的开展提供了丰富的案例素材和前提保证。

二、媒介伦理课程中案例选择的标准

精选案例是成功实施案例教学的前提。结合教学实践,笔者认为媒介伦理课程案例的选取要注意以下几个基本原则。

(一)针对性原则

案例教学是媒介伦理课程教学中一种行之有效的方法,但所引用的案例必须与所讲内容相对应,否则就失去了它的意义。有些教师善于揣摩学生喜听逸闻趣事的心理,尽量找些学生感兴趣味的例子插在课程内容之中,而不管是否和课程内容相关,有时甚至信马由缰地跑得很远。这样的课听起来很轻松,但上完课收获不大,不能对学生产生启发和教育意义。教师在课堂上使用案例进行教学时必须选择有针对性的案例,选择与原理密切相关的案例,这样才能有的放矢地教学并收到良好的教学效果。

(二)典型性原则

典型即有代表性的人或事。典型案例是某类事物、现象或问题最鲜明、最集中的反映,许多经典案例往往还具有强大的震撼力,令人印象深刻。古今中外媒介伦理方面的案例俯拾皆是,但教学时间是极其有限的,为了事半功倍,必须选择那些最能说明问题的典型案例来有效地阐释新闻伦理的基本原理,促使学生在冲突和讨论中思考案例所蕴含的伦理问题,从而形成正确的职业道德理念。

比如在讲到新闻敏感和新闻敬业精神的时候,笔者选用了学生不太熟知的赵敏恒的例子。赵敏恒是少有的新闻奇才,他之所以扬名国际新闻界,在于他有多次极具分量的新闻报道。如他最早报道了国际联盟李顿调查团,最早报道了"藏本失踪案",最早报道了"西安事变",最早报道了秘密召开的"开罗会议",并因"开罗会议"报道获得过路透社的"金烟盒"奖。同时,赵敏恒具备忘我的敬业精神,在日本轰炸重庆之时,在炮火纷飞的战场,他不顾个人安危,多次到电报局发稿。电报局被炸后,他又跑到嘉陵江上的英国轮船上请求发报。在追踪开罗会议新闻期间,他也是冒着被军事法庭审判的风险。另外,赵敏恒命运多舛。新中国成立前夕,有着多种去向可能的他选择留在大陆,但事态的发展并不如他所料。1955 年 7 月赵敏恒因"国际特嫌"蒙冤入狱,1961 年在江西逝世,年仅 57 岁,直至 1982 年才获平反。赵敏恒身上传奇式的新闻经历、执著的专业理想、可贵的敬业精神,以及坎坷的人生命运,这些都极易引起学生的注意、兴趣和慨叹,从而产生强烈的情感共鸣。

(三)争议性原则

在现实生活中,人们经常会遇到一些道德两难的情况,需要做出道德判断和行为取舍。媒介伦理教学过程中也要注意这样一些问题,有意识地选择一些富有争议性的案例,每一个案例都包含一个或多个需要解决的冲突和矛盾。将这些有争议性的案例引入媒介伦理的课堂教学不仅有利于多层次、多角度、多方位地对案例进行剖析与透视,同时,学生在积极参与的过程中也放宽了视野,拓宽了思维,并且在争议中学会了批判性地思考与判断,进而做出正确、合理的选择。

比如新闻记者在完成职业任务的过程中,还需要兼顾人道主义等基本的社会公德,当两者存在一定矛盾冲突的时候,我们的记者该如何抉择呢?中外新闻史上都有典型的案例:比如著名的新闻摄影作品《饥饿的苏丹》是南非自由摄影记者凯文·卡特的代表作:非洲大旱,一个瘦骨嶙峋的黑人小女孩饿得没有力气了,蜷缩一团,行将就木,身后不远,一只秃鹫虎视眈眈地蹲守一旁……作品所呈现出来的人类的苦难深深震撼了每一个注视过它的人,凯文·卡特也因此获得了 1994 年的普利策新闻奖。但获奖不久,凯文·卡特在汽车里用二氧化碳自杀身亡,年仅 33 岁。其中一个很重要的原因是《饥饿的苏丹》获奖后,公众非常关心小女孩的命运,一再追问:小女孩怎么样了?但凯文·卡特无从回答,因为他当时拍完后就离开了,他也不知道小女孩的生死。在巨大的舆论压力和道德良心拷问下,凯文·卡特选择了自杀。

再比如 2006 年中国河南电视台都市频道一名普通的女记者曹爱文被评为"最美女记者"。她之所以获得这样一个荣誉称号不是由于她做出了多么卓越的专业成就,而是在一次采访落水少女的报道现场,由于医务人员没有赶到,她不是先去采访,而是挺身而出,为女孩做人工呼吸。尽管经过多次努力,女孩最终还是没有醒过来。曹爱文伤心地哭了,泪水顺着脸颊滑落。曹爱文现场救人的事迹和图片被媒体报道后,群众亲切地称之为"中国最美女记者"。因抢救生命而放弃采访,这种在危难时刻挺身而出的行动,体现了曹爱文的正义感和责任心,体现了一名新闻工作者良好的职业道德和职业素养,更体现了新闻工作者高度的社会责任感和人文精神。

(四)前沿性原则

新闻专业非常注重新鲜及时,媒介伦理课程的案例选择也要注意这样一个专业性特点,要密切关注相关领域中出现的新现象、新问题、新案例,使案例教学能体现时代的特点,反映和解决现实中所存在的问题。比如近年出现的"人肉搜索"与公民隐私保护问题、网络监督与网络诽谤治理问题、新闻敲诈与新闻勒索问题等等,都是媒介伦理应当关注的对象。前沿性案例既包括新技术带来的新问题,也包括学界当下探讨的社会热点问题;既包括发生时间上的新鲜及时,也指事件性质的新颖独特。

比如2014年9月爆出的"21世纪经济网事件"就是"有偿新闻"这个老问题近年来的发展变化,有人称之为"有偿不闻"或"有偿沉默",其实是新闻媒体或新闻从业人员借舆论监督之名行敲诈勒索之实。"有偿新闻"某种程度上已然是新闻行业的一条"潜规则","有偿不闻"今天又大行其道,并且在网络媒体领域表现得相当严重,这些"潜规则"背后有哪些诱因,为什么屡禁不止,现行规制需要做出哪些调整和改变?在讨论这些案例的时候可以更深层次的发问,引发学生更深层次的思考。再比如中国评选的年度十大假新闻、年度十大新闻法治事件等,这些既是典型案例,同时也是新鲜案例,很多都可以用到我们的媒介伦理课堂当中来。另外,每年记者节前后,我国媒体一般也会推出有关记者的节目或报道,比如央视2014年推出的《好记者讲好故事》就是不错的案例素材。

(五)接近性原则

笔者所属湖北大学系省属高校,生源大多来自本省。即便不是本省生源,大学生活在武汉,对武汉、湖北自然也有着一份亲近感。考虑到这个特点,笔者在选择案例时特别注留意对当地案例的收集与整理。

比如在讲新闻失实的时候,笔者特意选用了一篇由本校学生撰写的虚假新闻报道——《女大学生状告爸爸的吻》。这篇作品曾被评为年度十大假新闻之一，被冠以"最令人作呕的假新闻"。在讨论分析的时候我把作者的采写过程、撰写手法、心理活动，作品发表后引发的社会反响，以及事发后对该学生的影响等悉数告知学生。再比如《武汉晚报》某摄影记者拍摄的作品《非典时期的爱情》因涉嫌摆拍被取消荷赛新闻奖奖项。学生对这种就发生在身边的案例非常感兴趣，有一种特殊的亲切感，印象深刻，效果良好。

三、媒介伦理课程开展案例教学应该注意的问题

笔者发现在媒介伦理课程教学中采用案例教学有利于激发学生学习兴趣，提高教学质量，帮助学生在案例教学的过程中树立新闻职业道德理念，但在教学过程中也发现了一些问题，需要在以后的教学实践中进一步改善和克服，才能有效发挥案例教学的效果。

(一)重视课程基础知识的讲授，处理好其他授课方法与案例教学手段的关系

课程基础知识的学习和传授是高校课堂教学的首要任务。如果学生没有掌握牢固的基础知识，进一步的学习延伸和拓展是不可能实现的。案例教学的根本目的是通过对过去、现在问题的分析，提升学生解决未来问题的能力，这种能力的培养也是基于牢固地掌握基础知识之上的。在媒介伦理课程教学中，案例教学只是一种教学内容的需要和教学手段的创新，教师还需要充分运用其他各种教学手段以改进教学效果，包括改进语言表达，适当采用肢体语言等。

(二)设计好案例教学的环节，充分发挥案例的作用

媒介伦理课程中的案例教学一般包括三个基本环节：引入案例，创设具体情境；分析案例，展开理论探讨；总结案例，深化道德认知。在每一个环节，都需要精心准备，比如案例引入的时候，不仅要介绍案例的情节，还要营造一种情绪氛围，要尽可能运用多种符号手段将情节详细生动地予以呈现，同时表达又要言简意赅，控制好时间。在分析讨论环节，教师要精心设计讨论

问题,既要和案例高度相关,又要明确指向所要认知的伦理原则和规范。问题的设计还要注意开放性和发散性,讨论方法也要灵活多样,可分组讨论,可单个交流,也可以是情景模拟,在讨论过程中,教师还要注意加强引导,防止偏离主题,保证分析和讨论沿着预定目标进行,逐步接近案例教学的目标。最后,要总结归纳出学生通过案例分析而得出的有关伦理原则和规范,并反过来站在理论的高度去重新审视案例中出现伦理问题的原因,让学生深化对具体原则规范的道德认知。虽然在案例教学中老师不是主角,但一切又都在教师的掌控之下,为此,教师要做大量的准备和精心的设计,才能尽可能地发挥案例教学的作用和意义。

(三)充分调动学生的主动性,发挥学生的主体作用

无论哪一学科的教学活动,学生都将是而且必须是处于主体地位。在课堂上教师如果仅以自己对某问题的认识情况来分析讲解,势必具有浓厚的主观性,不能把握学生的学习活动状况,无法有效指导学生。在使用案例教学时尤其要注意学生主体作用的发挥,在具体教学中以讨论为主。同时,教师还要努力调动学生参与的积极性。长期以来,不少学生养成了依赖教师"灌输"的习惯,难以适应案例教学中根据主题要求主动查找资料、勤于思考积极发言的方式,以致在教学实践中常常出现案例资料准备不能及时完成、讨论环节时常出现"冷场"等问题,使案例教学的作用得不到充分发挥。

(四)及时更新案例

在当前我国社会急剧转型时期,社会发展变化很快,媒介伦理的内容变化也相当快。在媒介伦理案例教学中,必须要注意紧跟现实的发展,不断根据媒介伦理内容的变化,及时更新课程相关案例。自案例教学受到新闻传播专业教学改革重视以来,国内外的一些著名高校新闻传播院系已陆续建立了案例库。国内的中国人民大学在 2005 年正式启动"新闻传播学案例库建设",在媒介伦理案例库建设领域,中国人民大学新闻学院的陈绚教授于2010 年出版了其编著的《大众传播伦理案例教程》。另外,近年出版的媒介伦理方面的教材中案例也有所增加,但这还远远不够。笔者认为,即便教师授课所用的教材有较多案例可用,还是需要不断更新案例。目前,国内媒体

案例库的建设还非常薄弱,比较管理学、法学、医学等学科还存在着很大差距,这需要我们所有从事新闻传播教育的教师共同努力。

参考文献:

[1] 蔡雯. 论新闻传播的案例教学——兼谈案例库建设对新闻传播教育发展的意义[J]. 国际新闻界,2008(2).

[2] 蔡雯,罗雪蕾. 新闻传播学案例教学现状调查——对海外高校案例库建设与案例课程设计的观察与思考[J]. 现代传播,2012(9).

[3] 冯广圣. 新时期《新闻伦理学》课程教学改革的探索与实践[J]. 新闻世界,2013(6).

[4] 张蓓. 将案例教学法引入新闻学课堂——以《新闻伦理与法规》课程为例[J]. 新闻研究导刊,2011(12).

[5] 王辉.《新闻传播法规与职业道德》案例教学的实践思考[J]. 视听,2013(3).

[6] 王平. 案例教学在新闻教学中的运用[J]. 今传媒,2006(1).

[7] 〔美〕小劳伦斯·E.列恩. 公共管理案例教学指南[M]. 北京:中国人民大学出版社,2001.

[8] 郭晓来. 什么是案例教学[N]. 学习时报,2007-12-5.

[9] Christensen, C. Roland, with Abby J. Hansen. Teaching and the Case Method: Texts, Case, and Readings. Boston: Harvard Business School, 1987.

(本文系 2014 年湖北大学教学改革研究项目"转型期高校媒介伦理教育的目标建构与路径选择"成果,编号:201434)

色彩教学中民族配色风格学习与借鉴

——以土家族织锦为例

何海涛

摘　要：凡民间美术作品大都以古朴、直率的形式展示于世人，常常能使看似不合逻辑的怪诞形象具有一种特殊的、奇异的形式和内在逻辑性。正是在这种特殊的思维构建之下，民间工艺品的色彩都是以最大限度的浓艳来表达内心的愿望，用色大胆泼辣，不受拘束。高校广告学专业的色彩构成教学中，教师可在课程安排中引入有关中国民间美术的相关内容，在课堂上让学生们了解民间的艺术样式，学习其配色艺术，以利于学生在未来设计中拓宽思路，丰富创作手法。

关键词：地域特色；模仿自然；制作工艺与材料

现代社会中，信息交流的广度越来越大，展示在人们眼前的新事物层出不穷。青年大学生作为接受新事物最快的人群，对新奇的事物尤其是外来艺术风格总能保持着最高的"警觉"。新的拿来，老的可能褪去，是时代发展的必然结果。但广告设计风格需要多样化，必须从多个角度吸取养分，民间艺术中特殊绚烂的配色便可提供重要的创作思路。只有使学生充分了解民间艺术样式产生的原因，才能使学生理解并喜爱民间色彩搭配，将传统的配色方式灵活地运用于创作之中。

土家族的织锦，也称西兰卡普，古称斑布，为色彩斑斓之意，用斑布制作的服饰也称为斑服。所谓斑斓就是颜色花纹艳丽，有着极强的鲜明个性。他们追求色彩浓厚的装饰性、高纯度、强对比。常把墨黑、深红、深蓝做底色，以红与绿、黄与紫、蓝与橙等高纯度色彩同时放置图案中，形成强烈的撞色对比，却又不失调合。在色彩边缘又多用白或高明度色彩的线与面交错其间，起到调和的作用,突出主体图案。土家人在绘画中的谚语道:绘画无巧,闹热为生,用色无巧,斑斓为佳。

一、地域特色

一方水土养一方人。在一定区域内,同一环境下会产生一系列有着内在联系的事物,包括衣、食、住、行、用等方方面面。服饰是一个民族文化的外化之物,其装饰特色是地域文化的集中体现,也是区分于其他民族的标志之一。凡民间工艺作品无论是在造型上还是在色彩的运用上都有着古朴而直率的艺术特征。

土家族织锦艺术风格的产生是与周围环境相互依存、相互作用,其发生与发展都充分受到地理条件的限制。土家族族民们世代生活在中纬度地区,气候温暖,物产丰富,是人类文明最早的发祥地之一,为古代巴蜀文化的起源地,古代巴人很早就会炼丹砂、煮盐、铸造金属,为创造灿烂的古代文明提供了物质条件。但连绵的群山重峦叠嶂,地理条件艰险,相对封闭的环境使土家族地区的发展节奏缓于外界地区,于是远古的文化在此地尚有遗迹可寻。较为闭塞的、并能自给自足的自然环境,加之改土归流以前在统治阶级一贯的"汉不入境,蛮不出洞"的封闭政策统治下,使得土家族先民少有和外界交流机会,较少受到外来文化的侵蚀,自然形成了特有的共同心理特征,并产生了大量与之相适应的文化现象,穿着斑服的习俗一直保留至辛亥革命前夕。

为了使学生充分认识艺术样式的地域特色,课堂上将土家族的织锦和山东农村手工鞋垫以及陕西十二生肖布偶挂件同时展示,用横向联系的方式,使学生体验浓郁的地域艺术特色,寻找出其中的相同点和不同点。相同点便是中国的民间工艺品的色彩大胆而鲜明,常将没有调和的色彩直接并置,使画面热闹非凡,体现出制作者质朴的性格;不同之处便是因制作工艺和材料的差异,导致了艺术样式的表现形式有着各自的特色,从而使学生们能更清晰的了解土家织锦的独特魅力。

二、借鉴土家织锦模仿自然色彩的配色艺术

古希腊哲学家亚里士多德(公元前384—前322)认为,人从孩提时起就有模仿的本能,人之所以不同于其他动物,就在于人最善于模仿,人最初的知识就是通过模仿获得的。同时,模仿也能使人获得快感,因此具有审美的性质。

艺术起源于人类对自然的模仿,模仿是人类的天性。人每天都生活在一定的环境之中,由于不同季节所带来的光线、植物色彩的多变,给创造者带了来无穷无尽的创作素材。法国巴比松画派的许多画家在不同的自然环境条件下进行风景写生,认识到景物光源色、固有色和环境色之间的关系。土家人也同西方绘画大师一样,从自然景色中光与色受到启迪,春天的山花烂漫、秋日的林木金黄,都在土家人脑海里留下深刻的印象。英国画家康斯太勃尔(John Constable)最早直接用于油画在室外写生,凭借丰富的感性认知体验到后来被科学证明的重要色彩原理, 即补色在并置时能互相提高明度和强度,并部分地用于绘画实践,从而使得画面色调子明亮起来。土家人受到大自然的启迪,在织锦中同样也展现出了红绿、黄紫、橙黄的补色搭配。其色彩的最大特点就是将对比最明显的互补色放置在同一画中, 由于所用色彩处在无调和的状态下,其固有色会呈现出其最大的特性。当然,色彩的纯度对比越大,使其和谐共处的难度就越高。可土家族妇女在这点上做得十分高明,每一块织锦都充满了多种色彩对比,使一切看似矛盾的色彩搭配却又安排在合理的尺度之中,不得不令人称赞。在讲述互补色相关知识时,土家织锦的配色方式具有极大的说服力,引导学生打破俗语中"红配绿丑到头"的错误观点,学习土家人取法于大自然红花配绿叶的配色方式,灵活地运用于平面设计作业中,通过从自然界的丰富色彩中寻找配色的灵感,提升平面设计作业画面意境的表达。同时也体会土家族人在随意搭配的浓厚色彩中透着质朴的情感, 这种质朴的情感表达正是土家族乃至整个民间艺术的共同特征。织锦色彩的搭配充分显示出土家族人特有的色彩审美习惯,折射出土家族的文化心态与最本源的审美观念,体现出一个民族在历史文明积淀下平而质朴的民风与内省的精神美。一切色彩似乎都在自由自在中随意搭配,在看似用色大胆、不拘泥于色彩配置理论限制的表象之下,隐藏着独特而又质朴的思维构建。

颜色是人类至关重要的知觉之一,是艺术审美的基础。土家族的妇女在织锦之前,并没有经过专业训练,但从其色彩的搭配中却能找到符合色彩审美的视觉规律。土家织锦的色彩搭配与我国其他民间美术作品一样,表现出了鲜明而单纯的色彩选择,这是出自生命本能的色彩创造。

首先,光线是人的感官所能得到的一种最直接的经验,色彩的观看源于原始人类视觉机能的发育结果。人类从远古走来,大脑对事物的认识都是从简单逐步丰厚起来的。经过数十万年的生物进化,由阳光的作用而产生的阴阳昼夜之变,使原始人类逐渐深入的感知色彩的魅力。单纯而鲜艳的色彩最容易刺激视觉神经,就这样,原始人对色彩的认识便从艳丽的单色开始了。随着人类的不断进化,视觉机能逐渐完善起来,人类对色彩也有了更多的认识,正是这些认识使土家族人将自己对色彩的理解运用到织锦里,体现出了自己独特的艺术风格。

其次,色彩能引起人的视觉情绪的变化。光是色彩的源头,眼睛是色感受器,对各种色光进行处理分析最终是人类产生丰富的色彩感受。俄国学着谢切诺夫认为,心理现象是对外界刺激和这些刺激的运动性的回答,即心理现象,是脑对外部影响(周围环境)和内部影响(作为生理系统的有机体状态)的回应。土家人长期居住在大山里,每天在单纯的生存环境中感受到的是大片色彩相近的森林树木;加之生活节奏慢,促使他们对宁静与弱对比的色彩容易感到厌倦,产生视觉疲劳。从心理学的角度而言,视觉疲劳是一种心理上的疲劳,由于某种视觉信息反复对人进行刺激导致心理刺激阈值下降而产生疲劳感,为取得视觉心理平衡的最好方法,就是用外界的色彩刺激来恢复视觉生理上的新鲜度。经研究显示,暖色调(黄、红、橙)通常引起快乐,积极与兴奋,冷色调则暗示冷淡、肃穆和犹豫。由此便可知民间美术中的浓烈色彩搭配的理论依据。土家织锦中那些浓郁、鲜艳、对比强烈的色彩搭配(如大红大绿),足以使人从视觉体验中激起情绪上的欢跃和兴奋,达到视觉心理的平衡。随之便形成了追求活泼而浓烈的色彩审美习惯,并努力使每种色彩都释放出自己的最大特征。

同时在色彩搭配上,土家族人十分注重色彩的对比与反衬,在用色上突出的特点就是:尚红尚黑忌白。所以大多数的西兰卡普作品都是以黑色或红色打底,一种类似于黑色的青更为常见。"尚黑"的习俗跟与当地制作染料的材料有关。黑色,在土家语中读"蓝嘎",此染料源于当地的柳木球和板栗球壳。用此染料染布简单,便于操作且长年不褪色。这种材料的优点也促使土家族保持了"尚黑"的习惯。

从生理和心理机制的角度讲述,可使学生从根本上了解民间美术的配色成因,用正确的观点欣赏民间美术,在平面广告设计中更好地运用传统视觉元素。

三、从制作工艺与材料运用指导学生学习配色

在相对封闭的地理环境和政策的统治下，土家族的各项手工艺品的制作方式在最大程度上得到了保留。在亚里士多德看来，艺术创作就是从质料到形式、从形式到质料的转化过程。西兰卡普的工艺美感，首先体现在所使用的材料上和制作工艺上。民间工艺品的品种繁多，其形式的多样化往往和制作工具的特性有着密切联系。例如民间剪纸中，动物的毛发被处理成锯齿状，其原因是剪刀的特性所致。

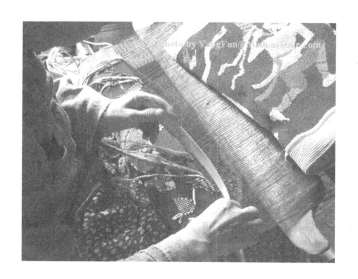

土家织锦的图案是以色点的规则排列组合而成，这是受到织布机上经纬线仅能按照 90° 纵横交织的限制。土家族人正是将图案和机械之间的矛盾合理解决，利用经纬线不断交错产生色点，使相同色彩的点按照图案的要求不断密集排列形成色块，在人们的视觉中形成图案。这是充分利用了色点的汇聚产生面感的视觉特征所致。同时，也使我们从中感受到这些图案与19 世纪 80 年代后期西方点彩派绘画有着异曲同工之妙。

对为使学生从材质和制作工艺上对色彩的影响有一个直观的认识，课堂上展示出一副土家织锦——西兰卡普，让每一位学生近距离认真观看经纬线交错产生的色彩变化，还可以动手触摸，然后让学生们先谈谈对西兰卡

普的认识。通过仔细观察,有意思的结论出现了,有学生非常肯定地认为西兰卡普与十字绣是同一种艺术样式,几乎每一届都有部分学生明确持有这种观点,这是教师在备课时没有考虑到的新问题,此时便是课堂上最好的教学时机。通过实物展示和对比,学生们得知土家织锦的主要材料是染色的丝线和棉线,丝与棉由于质地的不同,经纬线产生了不同的向度,丝与棉受到光的照射便形成了色彩对比与协调的特殊关系;而十字绣则是在一块有十字纹的布料上,一针一线做十字交叉点的刺绣,通过众多点的密集产生图案。通过讲解不同工艺制作方式所产生的不同艺术形式,学生充分了解了土家织锦的制作方式对色彩风格的形成,同时对十字绣也有了进一步的认识。

新中国成立前,土家族人的织锦材料是自给自足,多用自织、自染的土布(家机布)做衣料,染料则来源于当地植物。近几年来,随着时代的进步,化纤工业的不断发展,土家族人也开始了用腈纶等新材料,这些色彩更加鲜艳的材料在更大程度上突出了西兰卡普的斑斓特征。

四、结　语

土家族织锦西兰卡普历史悠久,据史记载大约可上溯到距今四千多年前的古代巴人。漫长的历史使土家人在文化艺术方面有着全面的发展,其色彩配置便充分体现了中国民间美术作品色彩的特点,体现出作者独特的视觉思维,向人们传递着质朴纯正的美感。织锦色彩的搭配充分显示出土家族人特有的色彩审美习惯,折射出土家族的文化心态与最本源的审美观念,体现出一个民族在历史文明积淀下平而质朴的民风与内省的精神美。一切色彩似乎都在自由自在中随意搭配,在看似用色大胆、不拘泥于色彩配置理论限制的表象之下,隐藏着独特而又质朴的思维构建。土家族织锦的色彩搭配在看似漫不经心的顺手"涂抹"中,却处处都能看到色彩被合情合理地运用着。西方色彩学家的色彩理论在西兰卡普中的配色中有着很好的体现,人类文化学的色彩内涵中所含有的集体象征意义,也潜移默化地影响着土家人的审美习惯,被土家织锦艺人作为色彩经验世代相传,这些都值得我们细细体味。

越是民族的就越是世界的。将土家织锦引入课堂教学实践后,广告专业的学生普遍有耳目一新的感觉。在如今信息泛滥的世界里,各种新奇时尚充斥着人们的大脑,民间传统艺术开始淡出我们的视线,离我们越来越远。每当谈到民间色彩中常用的红与绿是世界上最美丽的搭配时,不少学生都会流露出惊讶和不解的神情。教师在课堂相关教学中讲述民间传统艺术,引入传统文化艺术样式,有利于学生开阔视野,丰富设计的表现形式。现在已经有为数不少的学生撰写论文论述中国元素在广告中的运用,这便是一个令人欣喜的好现象。

参考文献:

[1] 吴翔编著. 设计形态学[M]. 重庆:重庆大学出版社,2008(4).

[2] 曹方主编. 视觉传达设计原理[M]. 江苏:江苏美术出版社,2005(2).

[3] 王平. 论土家族服饰的民族性和时代性特征[J]. 中南民族大学学报,2008(1).

[4] 辛艺华,罗彬. 土家织锦的审美特征[J]. 华中师范大学学报,2001(5).

[5] 彭英明. 试论土家族形成和稳定的历史过程[J]. 广西民族学院学报,2004(7).

[6] 齐志家. 土家族服饰历史分期的初步研究[J]. 武汉科技学院学报,2004(4).

数字媒介时代"口语表达"课程教学设计改革研究

白嗣新

摘　要： 本文主要对数字媒介时代背景下，播音与主持艺术专业的主干课程"口语表达"进行了课程改革的相关研究。依照一般课程的三个授课时间段：课前、课堂、课后，利用数字媒介平台将整体课程分为翻转课堂、课堂训练、课后延伸三种应用模式，并在此模式上对课程的设计规划进行了复述、描述、评述、综合技巧训练四大板块，以数字媒介的现实发展为基础，对"口语表达"课程的整体思路和训练方向进行了多元化改革研究。

关键词： 数字媒介；口语表达；课程改革

2014年6月，中国互联网络信息中心公布的第34次中国互联网络发展状况统计报告显示，中国网民规模达到6.32亿，互联网普及率为46.9%，其中手机网民规模为5.27亿，占全部网民比例的83.4%，远高于台式电脑和笔记本电脑69.6%和43.7%的网民比例，[①]以手机为代表的移动媒介首次超过PC上网比例，成为中国发展最快、规模最大的媒介平台。中国互联网络的发展在移动数字终端发展的基础上，呈现出移动性、关联性、碎片化的特征，而以移动互联网为基础迅猛发展的数字媒体，正在打破传统媒体以内容提供为主的单一功能性，逐步形成内容分享、关系互动、服务提供的多元媒介。数字媒介的兴起一定程度上改变了大众尤其是年轻群体的媒介接触习惯，同时也在挑战业已形成的传统媒介形态。不同于电视媒体与广播媒体的单向性传播，数字媒介的传播过程更加注重互动与分享，这样的一种媒介环境的

---

① 数据来源：CNNIC 中国互联网络信息中心.

变化对以媒介平台为主要输出方向的播音与主持艺术专业人才的培养提出了新的要求。

"口语表达"课程是播音与主持专业主干课程之一,一般设置在本科二年级语言表达基础中进行章节训练,并在本科三年级设立进阶训练课程"即兴口语表达",一般将课程分为:口头复述训练、口头描述训练、口头评述训练,以新闻和文艺作品的文稿为基础,对学生语言信息的理解、加工、转换能力;观察、想象、反应能力;叙述、提炼、逻辑能力进行从浅至深,从专项到综合的整个学习和训练过程。受媒介形态和传播特点的限制,目前"口语表达"课程的整体课程设置和训练资料,多来源于报纸或电视文稿,篇幅较长且表达样式较为单一,在一定程度上与目前数字媒介的发展脱节,对学生在语言表达中实际运用技巧的训练起到的作用与效果有限。

数字媒介时代"口语表达"课程的改革,是基于中国社会媒介生态的现实变化,面向播音与主持艺术及广播电视学专业的本科学生所进行的具有针对性和实践性的教学改革,目的是在保证学生语音与发声、文稿播读内容技巧的学习基础上,以数字媒介的传播特征为方向所进行的课程模式、课程设计的系统性调整。课程将结合口语表达能力和即兴口语技巧两大课程体系,以技能培养和能力拓展为目标,以引导式学习、自主式学习、合作式学习、模仿式学习、体验式学习、多媒体应用式学习六种学习方式,依据具体的课程和训练内容,满足不同基础学生的学习需求。

一、利用数字媒介平台搭建"口语表达"课程应用新模式

将"口语表达"课程按照一般课程教学应用中的时间阶段可以分为课前、课堂、课后。依次对整个课程模式构想三种基本的具体应用模式,分别为"翻转课堂""课堂训练""课后延伸"。利用学生已掌握的移动媒介平台,搭建针对课程学习的阶段性安排和内容,以课堂针对性训练和课后延伸式练习为主,将三种基本模式的功能和作用进行划分,以体现以数字媒介为基础的教学和学习内容、教学形式、教师职责、学生任务、课程目标、技术手段等多种差异。三种应用模式的主要区别和划分见表1。

表1 "口语表达"课程模式构想框架

	翻转课堂	课堂训练	课后延伸
课程内容	理论知识、训练提示	案例训练	案例练习
教学形式	课前自学	课堂引导与演示	案例点评与打分
教师职责	制作理论知识课件 为学生提供学习框架	利用典型案例进行 操作训练并进行指导	利用移动媒介建立 案例练习讨论区
学生任务	自主学习理论知识	主动进行课堂练习	利用移动媒介发布 案例练习作品
课程目标	基础理论的掌握	训练技巧的掌握	训练技巧的加强
技术手段	移动媒介讨论分享平台	数字多媒体互动平台	数字媒介 公开发布平台

(一)"翻转课堂"

"翻转课堂"采用微课形式将阶段性课程训练的基础理论知识和训练提示,以 PPT 或 PDF 等文件形式与学生分享,并以课程学习的全体成员为对象,利用移动媒体搭建封闭式讨论群,要求学生定期根据课程内容完成课前学习,并可在讨论群中随时提出疑问和想法。在此教学模式应用阶段,以学生自主学习、探索为主,教师的主要角色和职责是为学生提供清晰、准确的理论知识资料,帮助学生完成相关知识的初步认知。同时,以移动媒介为基础的封闭式讨论群,一方面为学生提供具有针对性的教学内容,另一方面利用多种学习资源、技术工具帮助学生建立相互交流、反思、写作的专业学习平台,也使教师在这种互动中更加了解学生学习的难点,以便在之后的课堂学习中具有针对性的答疑解惑。

(二)"课堂训练"

"课堂训练"是延续经典播音教学中的小班授课模式,以 8～15 人小组为学生单元,通过具有典型性的案例教学和训练,完成对之前翻转课堂中相关理论知识的实际操作过程。为了能够更好地检验"翻转课堂"的学习效果,在课堂训练中首先应对相关核心知识点和移动媒介讨论平台上学生所提出的难点或疑问进行讲述和解答,为案例练习打下理论基础。在课堂练习中,教师需要在课程开始前认真挑选有典型意义的教学案例,引导或带领学生完成对于案例的分析和具体训练。在这个课堂模式应用阶段,将依照课程设计规划的训练步骤,在数字媒介平台上选取相对应的案例和材料,以多媒体的方式向学生呈现,改变学生被动接受知识的单向性过程,更多地融入课堂互动、小组协作等方式,以技能训练为目的让学生进行主动性的案例练习。

(三)"课后延伸"

"课后延伸"是对课堂训练内容的进一步拓展和延伸,也是学生在三个不同阶段的课程模式学习中最需要调动积极性和主动性的部分。学生需要依据课堂训练所应对的核心训练技巧和理论知识,独立在数字媒介平台寻找相关的典型性案例,以自媒体的方式录制并在公众数字媒介平台播放。对于语言表达课程来说,一个具有开放性的媒介平台是学生进行个人展示和相互学习的有效通道。由于"课堂训练"的时间限制,往往不能使每个学生都在课堂中都有充分的个人表达,并且由于小组授课的局限性,学生面向公众的公共媒介意识无法形成。由教师在公众数字媒介所搭建的开放式平台,既能将学生作品及时面向大众,又能促使学生在相互督促下激发学习兴趣,使学生思维发散、视野拓宽,并且训练学生对于数字媒介的技术运用和自媒体的意识培养,是以数字媒介为基础的"语言表达"课程中不可缺少的部分。

二、基于数字媒介生态的"口语表达"课程设计规划

数字媒介生态的迅猛发展,虽然在传播技术、传播方式、传授习惯上对于传统媒体进行着近乎颠覆的改变,但在内容提供上,尤其是以"话语表达"为呈现形式的内容提供上仍然是以电视、广播媒体为蓝本,进行符合数字媒介特性的传播。所以"复述、描述、评述"三位一体的阶梯式课程设计依然符合数字媒介生态下"口语表达"课程的基本设计规划,需要重点调整和扩充的是教学内容所落实的案例,还有依照数字媒介生态发展特征对学生口语表达所进行的数字媒介思维的培养。在这样的前提下,本研究对于"口语表

达"课程设计规划大致分为四个阶段,见表2。

表2　"口语表达"课程设计规划大纲

教学阶段	复述	描述	评述	综合技巧训练
教学内容	新闻视频讲述 网络热帖讲述	简单读组图 复杂读图 无声视频解说	新闻视频评论 热门话题串讲	新闻现场再现 模拟情景再现
数字媒介 思维训练	碎片信息的理 解、整合与加工	简单、片面信息 的观察与反应	多资源信息提 炼、逻辑思考	语言风格的变化 话语内容的整合 媒介呈现的多样 对象感的差异化

(一)第一阶段:"复述"

复述主要训练的是学生组织内部语言的能力,是一种将听到、看到的语言信息经过理解、加工,然后将记忆的信息内容转换成口头语言表达出来的过程。[①] 复述要求忠于原始材料,还原原材料的基本信息,并对内容社党进行详略处理。为了符合复述训练的基本要求,并适应数字媒介碎片化的信息传递特点,在第一阶段"复述"能力训练中,首先进行的是对数字媒介平台上播出的一般性新闻视频进行口头详细复述训练,再以网络热帖为基础进行口头简要复述和口头创作复述训练。两种不同类别的训练材料,都符合数字媒介生态下信息传递的主要形式,以视频传播和图文传播为基础,训练学生对碎片信息的理解、整合和加工能力,将摆脱以往口语表达训练中长篇的社论和时政类新闻,着重训练学生对于不同信息的理解和再加工能力。

(二)第二阶段:"描述"

描述性语言表达的基础和起点是观察,这也是数字媒介生态下信息传播过程中的一种接收基础。大量的信息在互联网络当中的呈现,在许多状态下信息本身并不带有议论性的阐述,而更倾向于将事实呈现后,由受众和使

---

① 付程. 实用播音教程——语言表达[M]. 北京:北京广播学院出版社,2001:278.

用者对其进行多种意见的表达。描述练习的目的是提高学生的观察能力、感受能力、想象力和联想能力,基于目前数字媒介中信息的数量大、复杂性强、碎片化突出的现实,以同一主题内容的简单组图、一张图片的复杂读图、无声视频的内容填充与解说三个步骤,对学生面对复杂信息的处理进行具有针对性和实际意义的强化训练。其中组图主要锻炼学生对碎片化信息的整合和加工能力,复杂读图主要训练学生对单一图像内容从不同视角的细致观察能力,视频解说主要训练学生对描述类语言的节奏把控。

(三)第三阶段:"评述"

评述是口语表达训练中以叙述和评论相结合的语言表达过程,既要求叙述清楚,重点突出,又着重训练学生的逻辑思维能力和观点的有效表达。在数字媒介环境下,对于评述的内容选取更加多元化,不同媒介对相同热点问题不同视角的呈现是一种多资源状态下信息处理和运用的过程。在这个训练过程中,尽量选择非传统媒介单一模式播出的视频,不对学生评论的观点和角度做提前的预设和引导,通过多样性资料的提供尤其是不同类别媒介信息的提供,让学生从复杂多样的数字媒介环境中自己寻找独立的思维方式和逻辑结构,通过对信息的筛选、吸收、处理、整合,完成对相关话题或新闻内容的再思考,从而形成有个人见解和特色的评述语言。

(四)第四阶段:"综合技巧训练"

口语表达的最后一个练习阶段是对之前三个阶段的拓展和延伸,更是在基础语言表达能力基础已经建立的情况下,针对数字媒介实际的传播特性和以移动媒介为代表的自媒体的发展方向所进行的语言表达训练。主要通过模拟现场报道对新闻现场进行再现和模拟主持对一定的情境进行语言再现的过程。在这个阶段的练习中,对于学生语言风格的培养、话语内容的引导、媒介多样性的使用,针对数字媒介的对象感的处理都是必须注意和强调的训练要点。作为综合性训练,也是口语表达课程的进阶性训练,需要依据每个学生知识积累的差异、性格阅历的特点、兴趣爱好的偏向性,为学生引导其语言表达的整体发展风格,并借助数字媒介平台的搭建帮助其完成对自我语言风格的探索过程,为之后的主持艺术技巧等课程奠定一定的语言特色基础。

三、"口语表达"课程改革的可行性及效果分析

"口语表达"课程改革是为了顺应数字媒介生态的发展所进行的教学思路和教学内容的趋向性调整,从一定程度上说,这是高校职业性人才培养过程中不得不做出的一种选择,也是媒介发展本身进入到一个全新阶段,作为未来的媒介从业人员需要具备的思维和技能。从数字媒介发展本身的需求来说,传统媒介单向性的传播模式逐渐被互动性传播模式所取代,作为传播主体,越来越多的自媒体的出现成为以移动媒介为代表的数字媒介新的发展方向。无论是作为受众还是媒介从业者都需要从语态上改变传统的交流模式才能够完成真正的互动沟通。

从教师的角度出发,完成"口语表达"课程改革主要从教学思路和教学训练材料两个方面入手。首先从思路上完成从传统媒介语言表达模式到数字媒介语言模式的转变,引导学生以互联网思维进行语言表达的创作基础,并帮助学生在数字媒体上完成交流平台的建设。符合数字媒介传播的教学训练内容和训练材料,是一个相关材料库的建设过程,既要有典型性案例供学生进行教学前期"翻转课堂"的自主学习,又要挑选具有时效性和社会热点的即时材料供学生在数字媒介平台上播出和交流。从这个两个方面说,教师的整体教学思路、教学计划、教学设计都要进行较大程度地调整,但同时这种顺应媒介发展的课程改革方式也会在教学过程中获得直接的反馈意见和效果。

目前高校本科学生正在从 90 后向 00 后迈进,这些在数字媒介发展时期成长的学生,是具有代表性的数字原住民,对于数字媒介的发展和使用处于社会的最前端,并且对以移动媒介为代表的新媒介形态敏感度高、好奇心强。以数字媒介为基础所进行的"口头表达"课程的改革,是适合并顺应学生实际生活和未来发展的,借助学生们依赖的社交媒介平台、信息发布平台进行相关理论知识的学习探讨,发布个人语言表达的训练内容,通过互联网的传播扩大其影响力,具有先天的优势,也适应学生目前对于媒介的使用习惯,能够产生良好的教学效果。

四、实践教学探索

新闻专业实践教育的共建模式探索

黄月琴　何　强

　　摘　要：融合已成为我国媒介业发展的关键词和战略目标，融媒时代的到来给我国新闻传播教育转型带来巨大的挑战。2013 年以来，以"部校共建""校媒共建"为特征的共建模式在全国新闻院校与新闻实践界之间全面推广，给新闻实践教育带来资源、路径、方法等方面的积极影响，对新闻院校培养适应媒介融合要求的新型人才起到促进作用。本文认为"共建"模式不应囿于传统媒体与新闻院校之间的合作，而应该拓展到与新型传媒科技公司、互联网企业的对接、合作和超前培养。

　　关键词：媒介融合；共建模式；新闻实践教学

　　进入 21 世纪以来，信息传播科学与技术的发展与创新，已经彻底改变了传统的新闻传播结构、手段与方法。高校新闻传播学院，作为国家新闻传播人才的重要培养基地，面对中国同时遭遇社会转型、新传播革命、全球化的三重变局，新闻传播教育也在遭遇巨大挑战。新闻传播教学的传统理念与模式，在新闻传播新格局下正面临猛烈冲击，按照原有的新闻传播教育模式培养出来的单一知识结构专业性人才也渐已不适应传媒业的发展。这一切都倒逼新闻传播教育要顺应媒介融合趋势、加快加大新闻传播教育改革创新的步伐。

　　2014 年 8 月 18 日，习近平主持召开中央全面深化改革领导小组第四次会议，会议审议通过了《关于推动传统媒体和新兴媒体融合发展的指导意见》，明确提出要着力打造一批形态多样、手段先进、具有竞争力的新型主流媒体，建成几家拥有强大实力和传播力、公信力、影响力的新型媒体集团，形成立体多样、融合发展的现代传播体系。推动传统媒体和新兴媒体融合发展，要遵循新闻传播规律和新兴媒体发展规律，强化互联网思维，坚持传统媒体和新兴媒体优势互补、一体发展,坚持先进技术为支撑、内容建设为根本,推动传统媒体和新兴媒体在内容、渠道、平台、经营、管理等方面的深度融合。

面对时代挑战与国家的信息传播战略部署,高校新闻传播院系的新闻教育该如何顺应时代与历史的潮流?如何培养出适应时代发展的新闻传播人才?

2013年底,中宣部、教育部在上海召开部校共建新闻学院现场会,包括北京市委宣传部与中国人民大学、江苏省委宣传部与南京大学等在内的10个省市党委宣传部门与高等学校在会上签署协议,试点共建新闻学院。2014年9月,人民日报社与清华大学、新华社与北京大学等纷纷共建新闻学院,中央媒体与高校共建新闻学院掀起一个高潮。从地方党委宣传部和高校共建新闻学院到中央媒体和高校共建新闻学院,"共建"模式在新闻教育教学改革中逐渐成为一种趋势和热潮。"部校共建"目前在舆论界存在一些争议,但不可否认的是,这一举措将对我国新闻实践教学改革产生积极影响,推动高校与媒体进一步资源共享、平台对接,改善目前高校新闻实践教学于新闻操作实践脱节的现状。

本文旨在探索和总结我国近一年来"共建"模式(包括"部校共建"与"校媒共建")的开展情况和实践经验,探索在媒介融合背景下,新闻教育改革在"共建"模式下的路径、方法及其成效,同时观照国际一流新闻学院新闻教育改革的经验,找出异同,探讨出路。通过收集相关文献、媒体报道、学院官方主页信息以及会议资料等方式,展开分析。

一、新闻实践教育"共建"模式的提出与推广

2013年12月20日,中宣部、教育部在复旦大学新闻学院召开"复旦模式"总结推广会及共建新闻学院现场会,联合发布《关于地方党委宣传部门与高等学校共建新闻学院的意见》,包括北京市委宣传部与中国人民大学、湖北省委宣传部与武汉大学、江苏省委宣传部与南京大学等在内的10个省市党委宣传部门与高等学校在会上签署共建协议。

所谓"复旦模式",是指在2001年12月,面对互联网兴起带给传媒行业的巨变,上海市委宣传部与复旦大学签署协议共建新闻学院,开创新闻学界

与业界、理论研究与实践探索的融合创新模式,被称作"复旦模式",这也是媒介融合背景下新闻教育改革的开端。此后十多年来,"复旦模式"在全国高校范围内不断推广,不同新闻院系也根据自身条件与发展目标,对新闻教育进行实践改革,积极探索。

从2001到2013年,互联网迅速兴起,传统媒体日渐式微,中国传媒行业急剧变化。复旦大学新闻学院在大变革时代,率先提出"部校共建"复旦模式,积累了丰富的经验。① 此次地方党委宣传部门与高等学校共建新闻学院的改革方案,10所高等院校作为试点,推行部校共建,正是在"复旦模式"的经验基础上,对媒介融合背景下高校新闻教育改革的积极探索。目前,除了10所试点新闻院校外,不少地区如甘肃省委宣传部与西北师范大学也借鉴"复旦模式",签署协议共建新闻学院。

除了地方党委宣传部门与高校合作、携手共建新闻学院外,中央媒体或地方媒体单位与高校合作共建新闻学院,也成为新闻教育改革的另一种共建模式。2014年9月,人民日报社与清华大学、新华社与北京大学、光明日报社与中国政法大学等纷纷共建新闻学院,中央媒体与高校共建新闻学院掀起一个高潮。此次中央媒体与高校共建新闻学院也被称为"媒校共建"模式。

其实,在今年中央媒体与高校大规模地共建新闻学院之前,很多地区的新闻学院与当地媒体组织合作,学界与业界相互联系,共同探索新闻传播教育,共建实习基地,已探索出不少教育改革的经验。在媒介融合背景下,高等新闻学院在新闻教育上,形成了地方党委宣传部与新闻学院、中央媒体/地方媒体与新闻学院合作共建的模式,双方盘活资源,积极求变,为新闻教育改革探索出一条新路径。

二、"共建"模式下新闻教育改革新举措

在2013年12月复旦大学新闻学院召开的"复旦模式"总结推广会议上,中宣部、教育部指出所谓共建,主要内容包括四块,一是引进业界导师到学院来上课,安排学生到媒体实习;二是学院老师到媒体挂职;三是学界与

---

① 王慧冬."共建新闻学院"运动为何风起云涌. http://www.aiweibang.com/yuedu/1998049.html

业界进行媒体项目融合,相互提供指导和帮助;四是通过共建为社会和媒体提供与新闻传播有关的培训教育。①本文通过调研发现,在"部校共建""媒校共建"的模式下,新闻教育改革实践具体有以下几个方面的新举措。

(一)教学团队与教学模式的共建创新

在教学团队和教学模式上,全国高校新闻学院紧跟形势,不断调整。特别是在复旦大学"部校共建"模式推广下,学界与业界合作,共同组建教学团队,充分利用业界资源,改变教学模式,在实践中教学,成为新闻教育改革的一种新趋势。

复旦大学新闻学院从2001年启动部校共建后,采用"请进来""走出去"的共建方式,实现学界与业界的交融互动。"请进来",即邀请新闻传播业界领军人物或精英人士来学院为学生讲课、演说或指导学生社会实践活动;"走出去",是指学院支持、帮助专任青年教师走出校门去新闻单位挂职锻炼,亲身参加新闻传播实践,以培养专任教师的实战化能力,已有近10名专任教师在解放日报社、文汇报社、中国经济网、东方网等新闻单位挂职锻炼。湖北大学新闻传播学院也积极实施高校与新闻单位从业人员互聘计划,张萱、刘丽、黄月琴、罗宜虹等教师分别到湖北电视台、武汉晨报、长江日报、湖北日报等媒体挂职锻炼,湖北广播电视总台新闻中心书记艾涛、《武汉晨报》副总编海胜华等新闻从业人员到湖北大学新闻传播学院担任院长助理等职务。学界与业界双向互动,理论与实践融合探索,推动新闻教育改革。

清华大学新闻与传播学院将新闻业务课程与主流媒体、国企和地方社会实践基地合作,将实践课开设到传媒一线去。2014年1月,学院安排学生深入企业第一线实地调研,并以学子视角和话语方式探索经济报道的创新途径,以综合提高学生的选题策划和采写编评、摄影制作和稿件评析等业务能力;2014年6月3日,学院将新闻编辑课搬到了《中国质量报》报社,让学生在一线参与实践;2014年5月20日至6月1日,《河南日报》以12个整版的规模,连续刊发清华大学新闻与传播学院与该报联合策划、采写的大型系列报道《河南和丝绸之路经济带》。

---

① 黄瑚. 探索"部校共建"新路 携手培养一流新闻人才. http://sh.eastday.com/m/20140924/u1a8358788.html

(二)课程体系与教学实验室的共建创新

在评价一所大学教学水平时,课程设置是一个重要检测指标。因为专业课程是一个窗口,决定了专业学生的视野与知识宽度。在媒介融合背景下,数字化技术扮演着越来越重要的角色,传统的新闻课程,有些因观念陈旧,已不能满足现实需求。笔者考察发现,共建新闻学院在课程设置上,都立足现实,联系实际,在保持原有核心课程的基础上,不断推出媒介融合前言课程,完善课程体系。

复旦大学新闻学院在改革完善课程体系方面,充分利用部校共建的资源优势,首先加强马克思主义新闻观教育,着力建设新闻传播学类各专业必修课程《马克思主义新闻思想》;再者加强新闻传播实践,邀请业界精英开办"新闻传播前言讲座",开展"媒体进课堂""东方青年讲座"等系列活动;三是组织起一个几乎全部由青年教师组成的媒体融合课程群建设团队,讲授《媒介融合概论》《融合报道》等全新课程,将新传播技术所引发的新的理念、知识框架以及实践方式等贯穿于教学体系之中,让学生掌握新媒体时代所需的多元实践技能。

除了师资结构的优化调配,共建新闻学院在组织机制上,地方宣传部发挥积极作用,在政策导向、师资力量、基础设施等方面支持新闻学院建设,形成了一系列可行可用、行之有效的做法。

2014年9月16日,《人民日报》刊发《下一盘新闻人才培养的好棋——部校共建新闻学院综述》一文称,各地方宣传部在经费、基础设施和实践基地方面有着重要作用。例如,江苏省委宣传部投入500万元作为首期启动资金。山东省委宣传部首期投入启动资金500万元;此后,每年度按照学院建设实际需求给予后续经费支持,每年度支持经费不低于200万元。在基础设施上,上海市委宣传部在复旦大学投资建设了2.6万平方米的培训中心并支持舆情调查中心建设。江苏省委宣传部则计划在南京大学仙林校区兴建办公楼和综合楼,将南京大学鼓楼校区现有设施改造为新媒体实验楼,并建设1万平方米的办公楼。①

---

① 郑海鸥. 下一盘新闻人才培养的好棋——部校共建新闻学院综述[N]. 人民日报,2014-09-16.

新闻教育是理论与实践的综合教育,实验教学尤为重要,共建模式为新闻教学实验室建设注入资金活力。

(三)教学实践基地校内校外联动共建

在新闻教育中,实践基地作为锻炼平台,是学生提升实践能力、提升专业素养的重要载体。实习基地的建设质量,直接关系到新闻传播人才的能力提高。实习基地主要分为校内实验平台和校外一线传媒组织。

清华大学新闻与传播学院在大力推进媒介融合背景下新闻课程改革的同时,一直致力于"清新传媒"全媒体实践教学平台的构建。从2002年创办《清新时报》开始,经过10多年建设,目前清新传媒已经拥有平面媒体实践平台"清新时报"、以纪录片为主的影像创作实践平台"清影工作室"、视频节目制作平台"清新视界"、网络实践平台"清新网"等,一个全媒体矩形实践教学平台已渐形成。

而在校外实习基地建设上,清华大学新闻与传播学院已与《中国青年报》《人民日报》《河南日报》《中国质量报》、人民网、新浪网等主流媒体合作,搭建实践教学平台。复旦大学新闻学院充分整合资源,与人民日报上海分社、新华社上海分社、中新社上海分社等三家中央新闻单位驻沪机构合作签约实习基地,为学生每年2个月的小实习、4个月的大实习敞开大门。而与文新报业集团合作建立的教学实习基地成为教育部本科教学示范基地,与上海广播电视台合作,开展新闻传播硕士专业学位研究生实践基地建设。

湖北大学新闻传播学院在应对媒介融合变局过程中,积极采取措施,推进新闻教育实践的改革。除了校内《沙湖传播》《湖北大学报》、湖北大学电视台等实践平台,学院已与湖北广播电视台、《武汉晨报》、湖北日报传媒集团、葛洲坝集团公司、中铁大桥局等20多家单位达成合作,搭建教学实践平台,各大实践基地均配备实践经验丰富的专业技术人员和专家作为学生实践的指导教师,对学生进行实践性课题的研究和实践能力全方位的提升有着更深入的指导。

笔者发现,新闻院系充分利用周边资源,校内外联动建设教学实践基地,极大地丰富了新闻教育教学资源,是媒介融合背景下新闻教育改革的重点。学生将理论与实践相结合,在实战中学习领悟理论知识,避免了传统新闻教育中理论与现实的断裂分层现象。

三、他山之石:国外新闻院校实践教育的新思维

追根溯源,我们所谓的"复旦模式"以及在此基础上渐次发展起来的"部校共建""媒校共建"模式,来源于新闻学专业作为应用学科一贯的开放性思路。"媒校共建"在国外早有实践,国外一流新闻学院早就嗅到媒介融合带来的行业巨变,开始寻找出路,学界与业界合作培养新闻人才,只是没有称呼为共建模式。近年来,他们的合作对象除了传统媒体,还将注意力投放到与高科技新媒体企业上。追踪"复旦模式",实则是借鉴国际上培养新闻人才的黄埔军校——美国密苏里大学的改革做法。

诞生于1908年的密苏里大学新闻学院是全世界第一所新闻学院,100多年来为全世界的媒体和新闻传播教育单位培养和输送了大量媒介精英人才。目前,该院主要有媒介融合、新闻研究、杂志新闻、摄影新闻、纸媒和数据新闻、广播电视新闻和战略性传播7个系(亦称为序列或领域),其中媒介融合系的课程设置牢牢把握着新闻传播业的最新发展趋势。建院100年以来,美国密苏里大学新闻学院一直遵循着"在实践中学新闻"的独特的"密苏里式教育方式"(The Missouri Method)。"复旦模式"即"密苏里式教育方式"在中国的翻版。复旦大学新闻学院也与密苏里大学新闻学院达成多个项目的合作。[①]但"复旦模式"兼顾中国复杂的现实环境,相较于"密苏里式教育方式",中国新闻学院的共建模式,在未来发展过程中还需借鉴他山之石,拓展共建新思维。

密苏里大学新闻学院一直遵循着"在实践中学新闻"的原则,面对媒介融合的时代潮流,一直在专业调整、课程设置、教学团队建设以及实践基地建设等方面与传媒公司合作,共同培育"没有能力边界的独立新闻人"。我国新闻学院与传媒组织的共建模式,受到密苏里大学新闻学院的启发,且在众多方面已逐渐跟上国际步伐。但密苏里大学新闻学院开创的与高新传媒科技公司合作的共建模式,国内新闻学院却鲜有关注并实践。

---

① 郑敏,章于炎. 媒介融合时代美国密苏里新闻教育的变革与创新[J]. 国际新闻界,2014(4).

密苏里大学新闻学院面对媒介融合,认为移动媒体终端应用功能等高新技术将在内容生产等方面所起的作用越来越大。他们积极与高新传媒科技公司合作,新闻学院学生参与高新传媒科技开发和运用中去。新闻学院教师通过相关的媒介市场调查,锁定需要研发和运用媒介内容处理的高新传媒科技公司的需求,并获得该公司在技术、软件和资金上的一定支持。之后,学院教师便围绕相关媒体的科技发展水平和媒介公司的市场需求进行新闻传播和计算机编程方面的授课,学生也在这两个框架下研发各自团队的解决方案。学期结束前由授课老师、高新传媒科技公司的科技研发人员和市场营销专家给学生团队的研发演示打分,并评选出"最佳创新"和"最佳解决方案"。

　　2009 年,密苏里新闻学院选择与苹果公司进行合作,学生参与设计 iPhone 独具特色的应用程序 App;2010 年,他们的合作对象是 Adobe Systems 公司,学生为 Adobe 新推出的 Flash Catalyst 软件设计其在媒介内容处理领域里广泛用途;2011 年,是和赫斯特新闻集团创新部一起为谷歌公司研发的安卓(Android)移动媒体系统设计出一款新闻游戏 App,目的是探索游戏参与者能否在游戏的过程中获得对新闻事件追踪、发布和与人分享的激励。

　　相比之下,我国高校新闻学院的共建模式处于比较传统的方式,即与地方党委宣传部以及媒介组织的共建,这一合作模式已经蓬勃开展。但新闻业正在发生巨大的变迁,新闻市场的主体,除了宣传部管辖的传统大众媒体外,还有相当多的门户网站、社交网站、新媒体应用平台、自媒体、新闻客户端、微信公众号等,这些极有可能取代传统大众媒体的地位,成为新时代的新型主流媒介。传媒院校如果仍然忽视与市场经济体系下新型媒介企业特别是高新传媒科技公司的共建,将不利于培养具有就业前景和专业前瞻性的高端人才。在媒介化社会,我们正迎来一个媒介融合发展的阶段和大数据时代,由于信息发送渠道与接收终端的多元化与高科技化,传媒业的边界已经溢出传统媒介组织的范围,新型的互联网组织,包括新闻门户组织、媒介内容提供组织和传媒科技研发组织都参与到新闻生产的过程之中,该如何处理新闻数据、分析数据并进行新闻内容生产,正考验着新闻事业的新形态发展。同理,高校新闻院系的新闻实践教育也必须与时俱进,不仅继续与传统媒体合作,也应该将合作共建的视野扩展到互联网企业和各类传媒公司,借鉴密苏里大学与高新传媒科技公司合作的经验,开拓新思维,大胆跳出固有圈子,与企业特别是高新传媒科技企业联合共建,在内容生产和渠道开发上探索新领域,把握新型传播人才培养的主动权。

参考文献:

[1] 张迪. 媒体变革背景下的海外新闻传播教育现状与发展趋势 [J]. 国际新闻界,2014(4).

[2] 张小琴,陈昌凤. 后喻时代的新闻教育——清华大学新闻与传播学院的"清新传媒"实践教学模式[J]. 国际新闻界,2014 (4).

[3] 蔡雯. 新闻传播教育的十年探索——对中国人民大学新闻学院本科教育改革的总结与思考[J]. 国际新闻界,2014(4).

[4] 郑敏,章于炎. 媒介融合时代美国密苏里新闻教育的变革与创新 [J]. 国际新闻界,2014(4).

[5] 樊欣然. "为什么偏偏是哥大与密苏里?"[N]. 取自 http://www.icenci.com/meitiguancha/xinwenke/2014–05–16/277.html

[6] 中青在线. "清华学子进央企"及新闻实践教学研讨会举办[N]. 取自http://jingji.cyol.com/content/2014–01/10/content_9554788.html

[7] 丁晨洁. 哥伦比亚大学是如何培养记者的?[N]. 取自 http://www.huxiu.com/article/26769/1.html

(本文系湖北大学 2013 年教学研究项目"地方院校新闻学专业'校媒联动'实践教学体系的目标构建与路径选择"的课题成果。项目编号:201340)

地方高校新闻专业全媒体
实践人才培养教学体系建构

路俊卫

摘　要：当前我国地方高校新闻专业教育在培养目标、课程设置、教学资源、师资配备上都存在与全媒体实践发展不相适应问题。在考察当前地方高校新闻专业教育存在的主要问题以及美国全媒体实践教学先进经验的基础上，本文认为地方高校应进一步建构全媒体时代新闻专业跨专业融合性课程体系，深化校企合作，加强建立学校实习实训平台强化学生实践能力。

关键词：全媒体；实践人才；教学体系

为了顺应传媒领域发展对全媒体人才的需求，海外新闻教育早在21世纪初就开始了对全媒体实践人才培养模式的探索与实践。但从当前我国地方高校新闻专业教育现状来看，面临着新闻专业人才培养与市场需求错位的问题：一方面新闻专业培养规模不断扩大，毕业生人数不断增加，出现就业市场竞争日趋激烈、就业困难局面；另一方面，媒体市场对全媒体人才的需求量越来越大，出现了全媒体人才缺口。当前，面对媒介环境的发展变化，新闻专业教育也应当与时俱进，这是新闻教育需要面对的重要课题。

一、全媒体时代地方高校新闻专业
实践人才培养的主要问题

近年来获得批准开设新闻专业的地方高校已经越来越多，在这种超常规跨越式发展的背后，可以看到目前社会对于新闻传播类人才的大量需求。但与此同时，一些高校普遍都存在新闻专业人才培养与业界需求偏差问题。

主要问题有：

(一)培养目标：培养目标宽泛且趋同，与传媒实践发展脱节

通过考察地方高校新闻人才培养目标发现，大多数高校人才培养目标都比较宽泛，基本都将培养记者、编辑人才列入其中，但适合哪些业务技能的编辑、记者，并没有明确界定。目标太过宽泛也意味着具体培养目标不明确，这样的培养目标会导致日后培养出的新闻人才同质化、无专业特色、无市场竞争力，与传媒实践发展出现脱节。

全媒体时代的媒介融合趋向，要求新闻专业人才必须掌握采集文字、图片、视频和音频等多种能力，并能将其整合处理，能够精于融合新闻的采编。就当前高校新闻专业教育来看，新闻专业方向基本还是按照媒介形态来划分，报纸方向、广播电视方向、网络传播方向等，方向课程的设置互不交织，这就忽视了传媒实践媒介形态融合的现实发展。

另外，从专业设置来看，有些高校现在还是隶属于文学院或者与中文专业设置在一起，许多基础课程与中文专业一致，这种课程设置显示新闻专业还不够重视人才培养目标的针对性和特色化；从学校新闻专业教学实践来看，教师单纯讲授、学生单纯听课的情况较为普遍，忽视了新闻学科实践性较强的专业特色，教学方式呆板，不利于学生创新思维方式的培养，也难以适应媒介融合的发展趋势。

(二)课程设置：通识教育与专业特色不足，学生专业学习不博不专

有些高校新闻教育的课程设置较为传统和陈旧，专业特色严重不足，与新媒体发展相适应的课程缺少甚至是缺失。

从课程设置分布来看，新闻专业课程设置中，史论等内容的基础理论课程所占比重较大，这些课程对学生打好专业理论基础有重要的作用，但与此同时，实务类课程和通识类课程比重相对压缩，并且培养方案一旦形成就极少变化。当学界和业界都在探讨如何应对媒介融合的发展，一些新闻专业采写实务课程仍停留在报纸采写编辑的传统教学模式。另外，课程设置特色不足是造成新闻专业学生"不博不专"的主要原因，使得高校新闻毕业生在就业时难以发挥专业特长，而在就业竞争中失去核心竞争力。

(三)教学资源:资金设备不足,校内外实践平台较为匮乏

新闻专业具有极强的实践性,在媒介融合时代,新闻人才技能的培养显得尤为重要,新闻业务实践必须依赖实验室和媒体实习。现在一些重点高校都设置了非线性广电实验室、摄影工作室、演播室等,但由于实验室建设资金和设备比较缺乏,没有被充分利用起来。照相机、摄像机以及后期编辑只是课堂实践需要时才能使用,学生实践的时间受到限制。与此同时,由于缺乏具有媒体从业经验的教师,教师自身没有良好专业技能训练,使得学生实践课程也只是停留在对设备的一般操作学习上,无法上升到提升学生专业技巧与技能的训练,各种设备没有真正做到物尽其用,使得设备在某种意义上是处于闲置。

在校外实践方面,地方高校最多只能进入地方媒体实习,这种实践平台差距也严重制约了地方高校新闻专业学生熟悉先进理念、先进技术。另外,地方媒体设备有限,先进设备又不放心让没有操作经验的学生上手,实习生在媒体通常只是旁观者,实际动手操作演练的机会很少。媒体实践本来是提高学生业务技能的最佳途径,在这样的重重困难之下,媒体实习很难取得应有的效果。

(四)师资配备:师资普遍缺少从业经验,教研存在重理论轻实践

从整体上来看,高校新闻专业具有媒介从业经验的教师严重匮乏。各高校为了提高学校声誉、增强学校竞争力、达到评估目标,都在积极引进高学历人才,出现了"唯学历化"的现象。从各高校新闻教师专业背景来看,新闻学专业博士学历的教师在逐年增加,但年轻教师普遍没有社会从业经验,尤其是没有媒体从业经验。从本、硕到博不间断的学习使得这些教师具备一定的理论基础,但在课堂教学中也存在重理论轻实践现象,新闻专业教学与实践脱节,难以对学生在实践中遇到的问题给予指导。

当前一些高校为改善新闻专业教师与实践脱节问题,纷纷出台措施,比如青年教师去媒体挂职、媒体实践经验作为评定职称的必备条件等。这些举措对改善师资业界经验缺乏会起到积极作用,但还必须从根本上改变新闻专业师资队伍建设不合理的局面。

二、美国高校新闻专业全媒体实践教育的经验借鉴

20世纪90年代前后，美国高校开始关注媒介融合趋势下的新闻教育问题。到目前为止，美国300多家开设新闻传播的院校，超过90%的院校根据媒介融合的发展，更新教学课程，建立融合新闻实验室，进行融合新闻传播教育改革实践。通过对相关研究资料的调研，对美国两所在全媒体新闻教育较为成熟的院校进行考察，可对我国全媒体新闻传播教育改革提供一些借鉴。

(一)密苏里大学新闻学院的全媒体教育

不管在美国还是在全世界，密苏里大学新闻学院都是媒介融合新闻传播教育的先行者，具有风向标意义和作用。2005年9月，该校未来传播技术中心主任迈克·麦金教授在经过两年的前期调研之后，正式创办密苏里新闻学院的媒介融合专业，开始了针对媒介融合的新闻教育改革探索实践。

现在媒介融合专业已经发展成为密苏里新闻学院的第三大系，在专业方向中设有融合新闻、图片新闻、印刷与数码新闻、杂志与新闻、策略传播等。还开设有五个跨学科的专业：新闻产业化、新兴媒体、融合电视报道、融合广播报道、融合图片新闻等。除了新闻学学生必修的新闻史、新闻法规、新闻消息、美国新闻原则等课程以外，融合新闻专业类的必修课程还有：融合报道、融合编辑与制作、融合媒体报道、编辑和市场营销等。

该学院师资力量十分雄厚，新闻专业教师按照各自专业领域划分，其中专门进行融合新闻教育的教师有9人，全部都是丰富经验的前媒体资深从业者，有的是电视台资深编导，有的是网站数字新闻总监，媒体实战经验在媒介融合专业教育中得到强化。

该学院在教学上采取"边做边学"的教学模式，自办媒体VOX杂志、MOJO广告公司等，服务于本校学生、当地社区和少量的商业机构。该学院还具有一个世界水平的编辑部、两个高科技设计实验室、一个数字电视编辑实验室，三个主要写作实验室，一个对学生开放的计算机中心和两个拥有最

新视听设备的礼堂。学生通过实战训练,掌握多媒体操作技能,各项能力得到提高。①

(二)美国西北大学梅迪尔新闻学院的全媒体教育

美国西北大学梅迪尔新闻学院建于 1921 年, 也是美国较早开设媒介融合课程的新闻学院。该学院没有明确的专业设置,新闻学院学生可以根据自己的兴趣方向,跨学科选择相关课程。该学院认为一名记者需要广泛的知识,新闻专业学生四分之三课程在新闻学院之外, 如在本科毕业生需要学习的45 门课程中,新闻学院只提供 14 门,包括写作、报道、编辑、生产、视觉、网络新闻技术等,其余课程在艺术、宗教、历史、数学、文学或者政治学中选修。

梅迪尔新闻学院的媒介融合课程将"利用多媒体讲述故事"有机地整合在所有的新闻报道课程之中,并创办梅迪尔—芝加哥新闻中心、梅迪尔—华盛顿新闻中心,学生完成从调查、采访到写稿、传送的全部流程,并为多家当地及周边媒体提供视频、音频和图片等多媒体服务。该学校在媒介融合课程改革中,强调不能将纸质媒体、广电媒体和网络媒体平等放置, 避免将新闻课程改革为零和游戏, 而是应该将新媒体课程在不减损其基本功能的前提下融合到已有的课程之中。

该学院 50 多名教职工基本都有媒体从业经验,有多名曾获普利策新闻奖,并有一些教师仍在媒体兼职。因为地理优势,这些有着业界经验的教师多是来自《芝加哥论坛报》,而《芝加哥论坛报》的媒介融合实践开始于 1993年,这种校媒之间的深度合作,使得梅迪尔新闻学院的学生有着得天独厚的实践平台优势,其毕业生分布在美国新闻传媒业各个领域并崭露头角。②

三、全媒体复合型人才培养实践教学体系建构设想

全媒体发展是新闻实践大势所趋, 新闻专业教育必须要顺应这一变革的趋势进一步深化教学改革, 在借鉴国外全媒体新闻专业教育经验的基础上,提出如下新闻专业全媒体实践人才培养教学改革途径。

---

① 郑敏,章于炎. 媒介融合时代美国密苏里新闻教育的变革与创新[J]. 国际新闻界,2014(4).
② 以上内容来自 2014 年 7 月暨南大学传媒领袖讲习班期间西北梅迪尔新闻学院课程专场。

(一)建构全媒体时代新闻专业跨专业融合性课程体系

从全媒体视角出发,在完善新闻专业全媒体人才所需的知识结构和专业技能的同时,突出对学生全媒体新闻报道技能培养,建构以新闻传播学、广播电视、网络传播、移动新媒体传播等为基础的"跨专业融合性课程体系",实现教学、实验、实践相融合,新闻业务与新闻实践相融合的课程体系,全媒体课程体系具有如下特点:

首先,以"媒介融合"作为培养人才的前提,增加新闻报道实践领域的技术性、创新性思维课程,开设以新媒体为核心的专业课程,如网络新媒体研究、资讯社会发展研究、新媒体广告、新媒体创意产业研究、多媒体传播策略研究等。大力推动实践性、创新性课程建设,多方面培养学生网络采集、处理和管理信息的能力。其次,对于湖北大学这样综合性大学新闻专业学生,要结合自身优势将全媒体人才理念植入多个不同学科之间,发展创新课程和综合类课程,以多元化、集成化的课程培养全媒体新闻人才。

在课程设计上要有三个重视:一是重视基础,课程体系设置要强化人文素养课程与文化课程比重,设置培养人文与科学研究素养的"新闻传播通识课程群",培养学生基本价值观、科学研究技能与学术判断力,从而使学生具备丰富的文化知识结构和理论素养。二是注重实践,加强相关技能课程学习,突出实践操作能力。如纪录片创作、非线性编辑、微电影创作等。三是注重技能,课程设置要突出新媒体的应用性,在高年级加强跨专业课程选修,融合文化、传媒、艺术等多元学科,重在传播技能的培养。在教学环节上注重"双师型",即专职教师与媒体专业人士相结合;课堂教学注重"双课堂",即将学校课堂与媒体课堂相结合,学生学业评定加强实践环节的评定。

(二)进一步深化校企合作,共同培养全媒体人才

良好合作背景和共同合作目标是校企共同培养人才的基点。为了解决新闻专业就业压力,培养企业需要的专门人才,"校企联姻"的培养模式将长期紧密地打造适应社会、适应媒体的专项人才。校企合作方式可以体现多元化特色,可以是实习合作,也可以是项目合作、课程讲授等。合作动机和要求要兼顾双方,对于新媒体新闻人才而言,既要完成理论教育还要突出实践能

力培养,特别是新媒体技术的掌握以及媒介融合意识、媒体营销、管理等,逐渐形成独特的人才培养模式。

校企合作内容具有一定针对性和实效性,表现在:合作共建实习实训基地,完成实习实践;合作共建项目研发团队,帮助企业进行项目研发;合作进行教育培训,在实践中对学生行业技能进行培训;将企业需求纳入学生培养目标和课程体系,缩短学生进入工作岗位的适应期,形成企业人才的储备库。

当前湖北大学新闻传播学院与湖北当地多家媒体建立实习实训基地,包括湖北广播电视台、武汉晨报等媒体,但新媒体实习实训基地还尚显不足。另外,本课题组还尝试建立校媒联合方式,如湖北卫视《生活帮》栏目与12级播音主持专业建立长期合作,播音主持的同学不仅参与节目采编,同时还参与到节目的前期策划中,一方面学生创意弥补栏目选题资源匮乏问题,另一方面栏目前后制作为学生提供了全方位的实训机会。

(三)建立学校实习实训平台强化学生实践能力

打造交互式实习实训平台是全媒体时代的重要特征。新闻专业学科实践性很强,必须让学生走进新闻现场来进行实践操作,从对国内外的新闻专业教育考察中,重点院校新闻专业都非常注重学生的实战培训,比如创办校内媒体,采取学生自主的社会化运营,让学生在校内就体会到媒体的实际运作。中国人民大学新闻学院的接力传媒、南京大学的媒介融合实验室基本上都是采取全媒体运营管理方式,在这里,老师不再是单纯的老师,而是承担报刊、网站或者广播电视台的审片人职责,学生不再是单纯的学生,而是具有新闻使命的记者或者网络编辑。学院依托媒介实验室,展开业界与学界跨区域的联动目标。与此同时,媒介融合实验室还为学生建立实践档案,不仅成为课堂教学中典型案例,同时还为用人单位人才选拔提供依据和参考。

传统新闻实践类课程基本以单一媒介为主,在媒介融合背景下,探索建立多功能、跨媒体的传媒综合实训室,指导学生进行融创意、采编、制作、发布各环节为一体的仿真交互式实践将是全媒体人才培养的核心。

全媒体实习实训平台被称为"中央大厨房",一次采集、一个平台、多个出口。各种媒体可以实现统一用户、新闻线索、选题管理、资源库管理、技术支撑管理等五个系统,实训平台不仅可以满足学生课程实践、科研实践,还能提升学生全面素质能力和水平。湖北大学阳逻通识教育学院,在新闻专业老师的帮助下,学生自主建立阳逻通识电视台,实现阳逻新闻、阳逻话题两档节目的播出,节目前后期全部由新闻专业学生进行管理与制作,成为新闻专业新生全方位的实训平台,实现了课程学习课堂内外的延伸。在广播电视专业、播音主持专业三年级《电视编辑与制作课程》中,该课程老师建立优酷作业库,上传学生视频作品,并开放作业库,课程成绩参考网络评价,一些学生视频作品被其他网站采纳,这种方式不仅在课程上促进学生实践能力,同时形成仿真交互式实践模式,让学生体会到全真式媒体运作方式与要求,极大提高了学生的实践能力。

另外,积极开展校媒合作,建立校外实习基地是培养学生业务技能的最佳模式。除了在实习学期外,学校可以在版面或者栏目策划方面积极开展学校与媒体之间的合作,在媒体生产、营销等方面为媒体出谋划策,开展节目评价、研讨,通过深度合作使学生能全方位介入媒体实践,能力得到全面提高。

总之,媒介融合发展是一个复杂的过程,中国媒介融合进程尚处于初始阶段,新闻教育对媒介融合也处于探索阶段,新闻专业教育在对媒介融合的不断探索和深入了解之后,必然会形成比较完整的人才培养体系。适应媒介融合的全媒体发展趋势,地方高校新闻人才培养既要始终把握新闻教育根本,将社会责任与新闻专业理念、新闻报道采访技能相结合,又要在此基础上不断拓宽学生知识面、建构复合式知识结构,培养学生技术方面的融合运用,熟悉全媒体业务技能,注重人才的地区性特色培养,努力实现新闻教育培养全能型人才目标。

与此同时,地方高校应该立足自身优势,抓住全媒体发展带来的机遇,明确人才培养目标,准确定位地方区域的新闻人才需求,培养适合地区传媒业发展需求的新闻人才,立足地方新闻教育的长远规划,为地方媒体的全媒体发展输送更多高素质、全能型新闻人才。

(本文系湖北大学教学研究项目"全媒体时代新闻专业复合型人才培养实践教学体系研究"阶段性成果,项目编号:201218)

媒介融合背景下新闻传播专业课程的实践教学改革研究

聂远征

摘　要： 作为整个教学环节中重要的一环，新闻实践课程教学，在新闻传播教育中显得越来越重要。面对传媒业方兴未艾的媒介融合大潮，我国现行的新闻实践教学主要存在实践教学体系断裂、实践课程的平台尚未形成等问题。因此，根据新闻传播学的学科特点，在平台构建方面，应构建实践课程与实践项目基金相结合的基础性平台，校内外创意竞赛活动的提高性、综合性平台，构建"FTP"校媒合作的创新性平台。同时，在学生能力培养方面，还应呼应新媒体的要求，打通课程界限，实现专业知识交叉点的合理衔接；课堂模拟媒体编辑部演练与校内外媒体实习相结合；以培养能力为核心，鼓励学生开展创新性学习；根据学生兴趣特长，打造学习团队，实现优势互补，增强协作意识。

关键词： 媒介融合；实践教学；创新

一、实践教学改革是适应媒介融合发展的需要

新闻传播已经进入了媒介融合时代。"媒体融合"，作为一个学术概念，人们对其的界定是由数字技术所带来多种媒介载体相互融合的技术演变，在数字技术的影响下，不同媒介的信息传播实现共享，并与受众需求之间形成互动。媒体融合的理念已经践行于新闻传播过程中，传统媒体与新媒体结合紧密，报纸联动网站、网站呼应广播电视，利用各自的介质差异，在新闻信息传播上实现资源共享而又产品各异。移动电视、手机电

视、手机报纸等相继出现,广电网、电信网、互联网三网合一的战略已进入试点性操作阶段。

信息传播技术带来了传播业务形态的丰富,新闻工作者会感到接受、编制信息等环节的技术因素对于其业务的制约作用。在传统媒体时代,编辑们习惯于传统生产流程的任何单一机构和表现方式,而在媒体融合时代,信息发布的方式表现为技术多样化、复杂化。

长期以来,新闻传播的实践教学观念是以传统媒体中的单一媒体为基础的,注重基础知识教学和基本动手能力的培养。这种教学观念难以适应媒介融合时代的发展需要。当今媒介融合已经改变了整个媒体的运行流程。报纸新闻稿件的写作、编辑、排版都是靠电脑网络完成。广播电视行业需要编辑记者、摄像师和制作人员等多工种人员的合作。新闻从业者必须成为集采、写、摄、录、编、网络技能运用及现代设备操作等多种能力于一身的复合型新闻人才,才能适应新闻事业的发展。

因此,新闻传播实践和新媒介技术的更新推动着新闻传播教育改革。媒介融合对新闻工作者提出了更高的要求,进而也使新闻传播教育面临严峻挑战。作为整个教学环节中重要的一环,新闻传播专业课程的实践教学,在新闻传播教育中显得越来越重要。

二、实践教学的现状

目前,国内大多数新闻教育单位的相关课程安排,总体上与传统的媒体格局相适应,新闻学专业多数课程安排虽在今天仍具合理性,但在媒介融合的大趋势下,其局限性也显而易见。

面对传媒业方兴未艾的媒介融合大潮,我国现行的新闻实践教学在教育理念上,主要存在几大问题:

(一)未能形成实践课程的大平台

目前国内新闻专业设置按照媒体形态进行分类,如新闻学、广播电视学等。这种按照媒体单一划分专业造成的影响就是在实践课程的设置上也严格按照媒体分类进行开设。如网络传播专业,只开设了网页制作课程,没有看到它与报纸、杂志、广播电视之间多媒体融合的深层次联系，而是把它们割离开来。另外，实践室的设置也是独立的。这样的实践课程和实践室设置，很难培养适应媒介融合趋势的新闻传播人才。

(二)实践教学体系人为断裂

当代新闻的生产，包括新闻策划、采访、写作、评论、拍摄、剪辑、编辑、设计、制作等一系列流程。实践教学要适应当代新闻生产与传播的新特点、新变化。过去，实践教学是"知识＋技能"的单一训练方式，没有很好地与整个新闻生产的流程衔接起来。这种人为割裂的、片段化的教学体系很难适应媒介融合下新闻生产的趋势。

三、实践教学采取的措施

(一)平台建设

根据新闻传播学的学科特点，坚持以创新能力培养为核心，认真做好实践教学与科研训练相结合，按照认识的规律，由易到难，由简单到综合，构建了三个层次的进阶式实践教学平台。

1.构建实践课程与实践项目基金相结合的基础性平台

首先，鼓励教师利用媒体实践中心的资源，建立网上实践教学平台。通过该网上实践平台，学生可以进行有关实践项目的预习，教师进行实践项目管理，评阅学生所提交的实践结果，实现学生与老师的在线交流，并且学生还可以下载涉及实践项目的内容、教学资料。

其次，教师设计实践项目或者鼓励学生自拟实践项目课题，设立课堂实践项目开放基金，让学生进行立项竞争。这样既能使学生掌握媒体的基本操作技能，又能考验学生的问题意识和研究能力。

2.构建校内外创意竞赛活动的提高性、综合性平台

以提升学生的创新意识和研究能力为导向，鼓励学生参与报纸与新媒体版面设计大赛、高校朗诵节、大学生微电影节等活动，以赛代练，通过竞赛找到专业尺度，获得挑战性体验。同时，建立学生参与全国专业竞赛的激励

和评估机制。为鼓励师生创优争先，我们对申报的参赛项目采取选拔、孵化、指导、奖励的机制，首先精心选拔有冲击奖项潜力的项目，然后给予前期经费支助，并按专业竞赛类型，建立了多个实践教学团队，合理搭配师资，指导学生参加各类竞赛，锻炼学生能力，如获得奖项再行奖励。

3.构建"FTP"校媒合作的创新性平台

首先，所谓"FTP"是指基地（Foundation）、团队（Team）、项目（Program）三合一合作模式。通过建设报业传媒、广电传媒、网络传媒三个合作平台，组建由骨干教师、优秀学生为主的报业传媒团队和广电传媒团队、网络传媒团队，然后准确定位合作价值点，实现校媒双赢。

在团队建设方面，根据合作的需要，按照学生兴趣爱好组成专业社团，由专业骨干教师指导，以专业实践为支撑，组建校媒合作团队。以专业骨干教师为指导，以校平面编辑实践室、相关媒体等编辑室为依托，形成报业传媒合作团队；以校媒演播厅、非线编实践室为依托，形成广电传媒合作团队；以相关媒体网络编辑部、演播厅为依托，形成网络传媒合作团队。

在项目合作方面，在明确项目合作的前提下，确定切实可行的目标，制定具体可操作计划。针对报业合作项目，除参与采写编评以外，还要熟悉报业的软广告业务，积极参与报业全部流程。针对广电传媒合作项目，从具体节目做起，然后扩大到栏目，再延伸到频道，与广电媒体共同策划业务活动。针对网络传媒合作项目，开展摄影摄像、专题报道等业务活动，全面参与网络文字编辑、视频剪辑、播音主持等流程。

其次，打造"武汉城市圈实习区"与建立专业实习制度。第一，由学院出面，把武汉城市圈内的武汉、黄石、潜江、仙桃等城市，确定为本科专业实习基地的重点建设区域，与该区域的新闻媒体、网站、广告公司签署正式实习协议，有组织地安排专业实习。第二，建立专业实习制度，对专业实习实行全程跟踪管理。

（二）学生能力培养

1.呼应新媒体的要求，打通课程界限，实现专业知识交叉点的合理衔接

通过增加相关新媒体实践课程，打通部分专业课程与实践课程的界限就显得十分必要。改革现在课程内容,从新闻理论到实务操作,呼应新媒体的要求,贯彻媒介融合的理念。它体现了这样的原则:将新媒体实践教育的内容融入已有专业课程中去,重视新闻基本功的训练和传统新闻理论的学习。新闻理论的教学,除传统内容外,应增加新媒体传播的内容。

例如新闻史课程,老师在课堂上开设"新闻史上的今天""新闻地理"等各种专栏,结合新闻学理论和业务的要求,学生通过实地采访、拍摄以及利用谷歌地球等多媒体搜索引擎方法,多维立体展示新闻史上的资料,激发学习和研究新闻史的兴趣,提高综合专业能力,使新闻史变成可以触摸的历史。新闻实务课程,在通过传统的"采、写、编、评"教学,培养新闻采写基本功的同时,增加多媒体采访与写作、多终端传输的实践训练,培养学生在不同的媒体环境中应具备的跨媒体操作能力和基本技能。

有些课程,单一主讲教师甚至不能胜任,需要实践课程与专业理论课程教师协调、系统实施,打破"技术"和"报道"相对割裂的课程安排,及时进行交流沟通,实现专业知识交叉点的合理衔接,形成一个教学小组或由学界、业界、实践教学老师组成的教学团队。如《新闻编辑》理论课程,教学内容与《电视节目制作》课程有一定程度的重复或相近,就必须打破课程之间的界限,建立相关内容融合、贯通和相互渗透的教学课程安排,通过老师沟通,在《新闻编辑》课程上的策划选题内容可以直接运用到《电视节目制作》的实践中,有利于学生把握知识的连贯性、系统性。

2.课堂模拟媒体编辑部演练与校内外媒体实习相结合

实践课程为学生提供了一个开放性的操作平台,充分发挥情境化教学、互动式教学的优势,让学生真正融入媒体的工作环境中。在这个开放性的操作平台上,把实践教学、实习融合在一起,把多种媒体技术融为一体。实践课程中让学生轮流扮演媒体生产流程中的不同角色,模拟全真环境下的多媒体运营流程。扮演记者、编辑、部门主任、执行总编等角色来完成各自相关的工作。

在课堂中,学生的身份是各类新闻工作者,教师的角色则是指导者和管理者。课堂中教师不仅要对学生的专业知识加以指导,教会学生各个新闻生产的流程知识以及媒介设施与软件的操作,同时还要延伸到媒体办公与人力资源的管理。通过给学生布置不同类型(如新闻制图、视频报道、数据库新闻、微博运营等)、不同要求(如滚动报道和深度调查等)的报道任务,加强教师前期讨论策划、中期指导实践和后期点评作业的全过程指导作用,让学生在学习中实践、在实践中思考。从选题策划、收集资料、规划采访到整理采访资料、写作、作品完成,根据不同媒介的特性制作新闻,这样可以达到传播效果的最大化。在这种以新闻生产为主导的参与式教学过程中,学生实际操作并与老师不断对话,学习就不再是被动的,而是融入了全真环境下的多媒体运作流程的主动性学习。

同时,实践课程打破实践教学的时空束缚,将实践教学的组织从课内、校内拓展到课外、校外,从有形的实践室拓展到无限的社会空间、无形的网络空间,充分利用校内外的丰富教学资源,实现学校教学与社会媒体的接轨。

3.以培养能力为核心,鼓励学生开展创新性学习

根据媒介融合的现实情况,教学中我们要求学生把各方面的知识融会贯通,调动其求新、求异、求美的实践探索欲望,围绕某一主题或者已有影视作品进行练习,既学习了制作符合不同媒体形态特点或不同思维方式的报道文本的方法,又提高了媒介技术操作的动手能力和熟练使用传播技术设备的能力。

对实践结果的评价,无论是照片、报纸还是音频视频节目,都应该符合新闻文体的基本要求,具有实践者强烈的自我色彩和与众不同的创新意识,突出技术性与艺术性有机结合等。这些对学生综合素质的提高和创新能力的培养能起到积极作用。

4.根据学生兴趣特长,打造学习团队,实现优势互补,增强协作意识

未来的多媒体融合生产与传统的纸质新闻写作不同,强调的是团队协作,因此,各成员间的合作十分重要。同时,多媒体融合生产还涉及多个部门、单位的合作,以及制作计划的制定等。训练学生多媒体生产过程中所需的分工协作、制片管理等能力,这一部分的教学实践,让学生轮流承担不同角色,根据兴趣特长,尝试各种职能分工,打造学习团队,实现优势互补,加深协作体验。

本研究的实践探索都还只是初步的。理论研究还需要深入,实践探索还

需要反复进行。我们还需要借鉴国内外相关的研究成果和人才培养的经验，继续完善研究，使其更具普适性。具体来讲，主要表现在：首先，如何培养具有"全媒体"业务技能的师资队伍。其次，如何实现打破学科界限、跨院实行"新闻＋其他专业学科"交叉联合实践教学模式，培养"全媒体技能＋个性化"的新闻传播复合型人才。

五、新媒体技术教学应用

社交媒体在新闻传播类专业教学中的应用

——以微博客为例

芦何秋

摘　要：本文以微博为例，探讨了社交媒体在本科教学中应用前景。以笔者的教学实践作为案例，总结了微博教学的实践路径、方法和心得体会，希望对相关教学工作有所启发。

关键词：微博；本科教学；交互式教学

以微博客（以下简称微博）为代表的社交媒体已成为公众获取信息的主要平台之一。2014 年 7 月 21 日，中国互联网络信息中心（CNNIC）在京发布第 34 次《中国互联网络发展状况统计报告》，《报告》显示，截至 2014 年 6 月，中国网民规模达 6.32 亿，其中，微博用户数量 2014 年 6 月止为 2.75 亿，网民使用率为 43.6%。包括教师和学生在内的大量高校用户是其中的主力军，这为社交媒体教学实践的开展提供了基础性条件。

一、微博教学的可行性

微博是一个基于用户关系信息分享、传播以及获取平台，其最大的传播特点在于"连接"，每一个用户都可以与其他任何用户发生连接，这使传播网络被无限扩大。

作为一种社交媒体，其媒介特点可概括为：传播速度的及时性；传播内容的自主性和传播方式的互动性。①

---

① 陈成荣. 微博传播的特点. http://abc.wm23.com/Raim/98315.html

新闻传播类专业的教师和学生大多关注当下发生的热点事件,因此,在课堂教学中教师一般会使用新近发生的且具有社会影响力的案例辅助教学。在传统媒体时代,这些新闻报道见诸媒体往往需要经历采访、写作、编辑和发行等生产环节,时效性无法与新媒体相比。当在课堂教学中引入微博平台之后,案例讨论的即时性得到了极大提升,发生在几小时前的新闻事件就可以作为教学案例使用,教师与学生一起进行讨论和分析,提升了学生的学习兴趣,也使课堂教学氛围更为活跃。

微博的传播内容具有自主性的特点,每一个用户在接受信息成为受众的同时又通过评论、转发等方式成为信息的制造者。在利用社交媒体的教学实践中,通过虚拟讨论,使学生能够主动对热点事件进行评论,提升了学生的学习主动性。

在传播方式上,微博跟传统媒体及博客、论坛等新媒介相比,最大的特点是它实现了一种真正意义上的双向互动传播,信息传递聚合了一对多、多对一、多对多等多种形式。在传统课堂教学中,教学反馈与互动往往受制于时空而具有有限性。并且在大多数情况下,信息的传递都是教师流向学生的单向度传播。但在微博中,学生可以根据课程要求对相关热点信息进行自主评论,同时与教师形成互动,使教师与学生形成一个互动的知识群落。

微博具有信息容量大、信息来源广、传播速度快、工作高效、互动性强、不受时空限制等特点,微博已成为高校师生现实生活中不可缺少的内容。充分利用微博的鲜明特点开展虚拟教学工作,是教学改革发展的新趋势。

二、现有文献的述评

通过中国知网以"微博教学"进行搜索,可获得 18 篇发表于核心期刊的教研论文。

(一)发表年份与课程分类

从发表年份上看,整体呈现出波动上升的趋势(见图 1)。第一篇微博教研论文发表于 2010 年,该年也是微博研究的关键的年份。2009 年 8 月新浪微博开始内测,2010 年,发端于微博的大型公共事件数量明显上升,如"我爸是李刚""宜黄强拆自焚事件""方舟子遇袭事件""校园袭童系列事件"等。这使得微博的社会影响迅速扩大，不少媒体将 2010 年称之为"微博崛起年"。① 微博崛起为新媒体研究提供了大量研究素材的同时，也开阔了研究者的视野。包括微博在内的社交媒体研究自 2010 年开始成为学界研究热点，而作为微博研究一个分支的微博教学研究，亦开始受到关注。

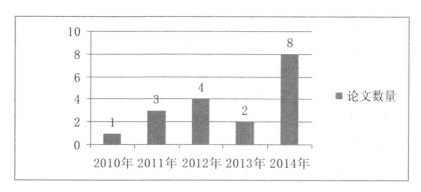

图1 相关论文发表年份分布图

从论文研究的课程分类上看(见图 2)，微博教研论文主要集中于公共课的讨论，如思想政治、英语、体育和 C 语言设计等。对于专业课中如何实施微博教学，相关研究还不多见，但作为距离微博最近的学科专业，新闻传播学已有相关研究者进行了初步的讨论。

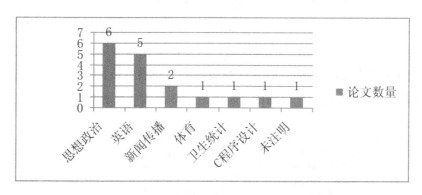

图2 课程类别分类表

① 李元珺. 2010 年微博崛起社会见证"围观就是力量"[N]. 新闻晨报,2010-12-29.

(二)研究主题

整体上看,微博教研论文的研究重点包括四个方面:

第一,从媒介的技术特点出发,总结和归纳微博平台对教学工作的促进作用。微博与其他新媒体平台相比,更能促进师生的交流,[①]增强了虚拟交流的真实感。在这个过程中,虚拟的微博课堂实现了去身体化,有利于协作互助。[②]微博具有跨时空性和简单性的特点,使专业知识的交流互动达到前所未有的便捷。微博内容的丰富性是对课堂教学极大的补充。微博的广泛关注性有助于提高学生解决实际问题的能力等。[③]

第二,从个人经验出发,讲述微博教学的应用路径与实施方法。在实际教学中,可利用微博的 follow 机制创建高校教学的学习共同体,并重视其中的意见领袖作用,引导其发挥榜样作用。[④]以个人教学经验为例,认为可以利用微博进行内容交流、情景练习和课堂答疑。[⑤]微博教学要吸引学生的注意,在内容组织和呈现方面需要遵循语言教学的相关理论与原则,在教学过程中要善于借助微博的特色功能整合各种格式的材料以及教学手段以实现教学目标,还需要有效地将教学内容组织策略和教学内容编辑策略协调起来。教师应对自身的语言与计算机知识水平、个性特征等方面的情况要有较客观的把握,并结合受众的具体情况,灵活订制适合师生双方的教学策略。[⑥]

第三,微博教学中存在的问题与注意事项。微博是教学的辅助手段,在教学过程中还需要避免学生微博成瘾。[⑦]微博是碎片化的文字,要引导学生进行整合,微博形式短小精悍但其内容要向纵深发展。[⑧]微博教学中要注意信息传播的泛化与去中心化易于消解权威,这使得掌控和引导大学生思想难度增大。同时,微博信息传播的碎片化难以承载大量有价值的思想政治理论课教学内容。另外,微博信息传播的新特点对教师的媒介素养提出更高要求。[⑨]

① 汤宗礼. 微博在思想政治课教学中的应用[J]. 教学与管理,2011(3).
② 周叶露. 微博在高校思想政治理论课教学中的应用初探[J]. 内蒙古师范大学学报(教育科学版),2014(1).
③ 平智广,刘莉,王爱英等. 微博在卫生统计学辅助教学中的应用探析[J]. 中国卫生统计,2014,8(4).
④ 贾亚君. 从 5W 传播模式探究微博在高校思想政治理论课教学中的有效应用[J]. 未来与发展,2014(7).
⑤ 常承阳,杨芳. 基于微博的技校英语写作教学研究[J]. 电化教育研究,2014(4).
⑥ 张婷婷. 基于微博的英语教学策略研究——以新浪微博为例[J]. 现代教育技术,2011(6).
⑦ 贾亚君. 从 5W 传播模式探究微博在高校思想政治理论课教学中的有效应用[J]. 未来与发展,2014(7).
⑧ 杨卫平. 我的微博教学[J]. 人民教学,2013(21).
⑨ 凌小萍,周艺. 微博对高校思想政治理论课教学的挑战与应对[J]. 黑龙江高教研究,2014(4).

第四,微博教学的对策研究与发展方向展望。要消解微博教学中可能存在的问题,需要在遵循传播规律基础上开展教学工作,以议程设置为路径充分利用微博把控和引导学生思想动态, 以提升教师媒介素养为应对微博挑战的有力保障。[①] 微博引入课堂教学时应依据课程特点选定适切的应用策略,并应注重实施的基础条件、教师的指导与监督、片段式资源建设、激励机制、评价、研究方法等相关因素。[②]

以上文献为我们微博教学的开展提供了方法和路径参考。

三、研究设计与实施

(一)研究设计

1. 教学理论指导

微博教学的理论指导主要来源于交互式教学法。交互式教学注重通过各类交互活动提高学生的媒介素养及交互能力。借助微博平台提供的多种手段开展形式多样的交流与互动,如:课堂问题答疑、热点问题讨论、作业提交与评价、教师与学生的多向互动等。

2. 平台选择

仅从用户数量上看,腾讯微博和新浪微博的用户数量都比较大,但前者注重的是产品链,后者注重内容生产,从开放度来看,新浪微博要更适合实施虚拟教学。通过前期调查,大多数学生都拥有新浪微博账号,并愿意使用新浪微博参与虚拟课堂。

3. 专业与班级选择

笔者的实际课程安排主要为 2011 级新闻学、广播电视新闻学、播音与主持艺术三个专业的学生授课, 微博教学的对象范围也就主要集中在以上班级的学生。

(二)教学实施

本次微博互动教学实践的核心是以微博服务平台为基础,构建微博学习网络,在教学支撑手段辅助下,开展一系列与课堂教学互动的微博教学活动。

① 凌小萍,周艺. 微博对高校思想政治理论课教学的挑战与应对[J]. 黑龙江高教研究,2014(4).
② 郝兆杰. 微博在 C 程序设计教学中的应用研究[J]. 中国电化教育,2011(1).

1. 新闻热点的述评

2012—2013 学年第二学期,笔者为 2011 级播音与主持艺术专业本科生讲授《网络传播概论》。在第一次课中对全班同学进行了兴趣分组,要求每个小组在每次上课之前使用 5 到 10 分钟对过去一周中的微博热点新闻事件进行述评。由于议题是由学生自拟,带有较强的开放性与互动性,调动了学生的主观能动性,因此每次小组陈述与讨论都能够形成较好的课堂互动,课堂氛围较好。

2. 课堂作业的微博提交

笔者在 2013—2014 学年第二学期的《新闻心理学》课程中,要求两次课程作业都通过微博的形式提交。传统的作业收集都是在课下的现实环境中进行,在微博等虚拟社交媒体上提交作业的形式还不多见。笔者在前一学年进行了微博作业提交的初步尝试, 当时被媒体报道过。[①] 微博是当下最热的社交媒体平台之一,几乎所有的学生都拥有微博账号,大家都愿意参与这种基于微博的教学实践创新。从实际效果上看,所有的学生都在微博中提交了作业,大家的参与度是非常高的。在每次作业提交给教师之后,教师再使用个人账号对作业进行评论后转发,以教师账号作为中介,形成议题的多向互动。

3. 特定议题的在线讨论

在要求学生使用微博进行资料收集和作业提交的过程中, 教师与学生、学生与学生、班级与班级之间的微博账号相关关注,形成了以教师和班级公共号为核心、数百个学生微博账号为主体的社交学习网络。在这种情况下,时事的即时在线讨论成为了可能。在以往情况下,学生经常会对当天发生的重大新闻事件进行讨论,但这种讨论往往是基于个人社交的小圈子讨论,而当教师和班级公共号加入之后,讨论的范围扩大了,学生能够相关促进,共同发展。

四、对微博教学应用的思考

(一)增进师生交流,对学生学习热情的调动具有积极作用

从 2012 年下半年第一次尝试微博教学之后,学生对于这种新颖的教学

---

① 翟兰兰. 作业直接"艾特"老师[N]. 武汉晚报,2012-11-19.

模式非常有兴趣,既非常配合,也乐于参与。传统的课堂教学中,教师与学生的地位是不对等的,这使得课题中的交流往往被模式化,如课堂发言往往拘泥于书本而缺乏独特见解。但在微博上,师生通过平等对话能够建立起互信和互爱,学生能够将自己的真实想法表达出来,虽然有的发言比较随意不能细细推敲,但思维和想法是非常活跃的,而我们的当代大学生缺少的就是思维的创造力。

(二)在自主学习中增强学生的媒介素养

新闻传播学专业学生的媒介素养要求比其他专业更高,因为作为媒介从业者和新闻把关人,需要有较强的信息辨别能力。大学的专业教育主要靠被动灌输,而媒介素养教育依赖于主体在实践中的自主学习能力。在微博教学的实践中,学生的自主学习能力得到很大提升,为了使自己的陈述不至冷场,每一位陈述者及其所在小组都要学习判断媒介信息的意义和价值,从中选出最具陈述价值的内容,同时还要学习创造和传播信息的知识和技巧。学生在自主学习的过程中增强了媒介素养。

(三)增强年轻教师的信心,提高教学热情

每一位年轻教师在站上讲台的前几年,都会出现不同程度的紧张感和焦虑感。这是因为我们在体验一种全新的交流环境。我们无法选择这种环境,但我们可以选择我们擅长的交流方式,比如利用各种我们熟悉的社交媒体来丰富教学手段,这在一定程度上可以缓解年轻老师的紧张感和焦虑感,增加教学信心,"站住"讲台。以笔者为例,在引入微博教学之后,2012年下半年至今的四次学生教学评价中获得了两次优秀。这使个人的工作得到了极大的肯定,提高了教学热情。

(本文系湖北大学教学改革研究项目"社交媒体环境中新闻人才培养研究"阶段性成果。项目编号:201433)

微课在《传播学》教学中的应用研究

罗宣虹

摘　要：传播学诞生于20世纪30年代，是与新闻学、社会学、信息论、人类学等学科广泛联系的边缘学科。课程偏理论化，知识抽象，不易理解，要求教师具有较高的教学技巧，引导教与学的互动。本文对传播学传统教学中容易出现的问题和困难进行分析，在传播学的教学中引入微课的教学形式，探究微课的来历，并把微课的特点与传播学教学相结合，在此基础上对微课在传播学教学中的运用设计提出具体的操作方法。

关键词：传播学；微课；互动性；翻转课堂

一、微课的来历

在信息爆炸的网络时代，碎片化表达、快节奏的生活，冗长的章节知识让学生无法轻松学习。随着移动通讯技术、社交媒体，以及以开放、共享为理念的开放教育资源运动的蓬勃开展，"微"教学模式逐渐在全球范围兴起。微课出现在教育者的视野，其主要承载了将45分钟的课堂进行拆分、把传统的课堂教学融入移动的网络时代的功能。

微课的雏形最早见于美国北爱荷华大学LeRoyA.McGrew教授所提出的60秒课程（McGrew，1993），LeRoyA.McGrew教授试图在非化学专业的学生以及民众中普及有机化学常识，针对化学课程篇幅长、难度大的特点提出了包括三部分：总体介绍、解释说明、举例分析的60秒课程安排。希望在非课堂的环境中，如搭电梯、舞会等非正式场合普及化学常识。这种微型教学模式是微课的雏形。随后1995年英国纳皮尔大学的T.P.Kee提出了一分钟演讲(Kee,1995),认为学生应该掌握核心概念以应对快速增长的学科知识与交叉学科的融合,提出让学生进行一分钟演讲,并要求演讲必须做到精炼,具备良好的逻辑结构且包含一定数量的例子。①

而今天我们讨论的微课概念是 2008 年由美国新墨西哥州圣胡安学院大卫·M.彭罗斯提出的,彭罗斯提出建设微课的五个步骤:列出原本需要 60 分钟的讲座中的一系列关键短语形成"微课"的核心;写一个 15～30 秒的介绍和结论,以提示上下文关键概念;录制上述内容,最终长度为 1～3 分钟;根据"微课"设计任务,结合书面作业,指导学生通过阅读或活动探索关键概念;将教学视频与课程任务上传到课程管理系统(Shieh,2009)。彭罗斯认为这种教学方式提供给学生自主的平台,可以根据自己的需求搜索相关的学习资源。Morris(2009)认为,彭罗斯所提出的微课概念以网络课程的形式存在,有可能为现实课堂的教学模式提供一种新思路。

在我国,广东省佛山市教育局胡铁生基于现有教育信息资源利用率低的现状,率先提出了以微视频为中心的新型教学资源——"微课"。他理解的"微课"是以微型教学视频为主要载体,针对某个学科知识点(如重点、难点、疑点、考点等)或教学环节(如学习活动、主题、实验、任务等)而设计开发的一种情景化、支持多种学习方式的新型在线网络视频课程。②还有一些学者对微课的理解主要围绕微课程的核心内容、微课的长度展开。比如焦建利认为微课是以阐释某一知识点为目标,以短小精悍的在线视频为表现形式,以学习或教学应用为目的的在线教学视频。祝智庭研究中的微课应是围绕某个教学主题精细化设计的讲座长度不长于 10 分钟的内容精、容量大的新型课程形态。余胜泉认为微课是在微型资源的基础上附加教学服务的小型化课程,其基本结构包括微型资源、学习活动、学习评价和认证服务四个部分。

对于微课这种新兴的新型教学资源,教师应积极尝试。只有充分了解微课程的内涵,才能在教学中进行有益的实践。在微课教学中教师和学生的角色和传统课堂上不同,微课不是简单地将传统课程分单元剪短,而是在最短的时间内将学生注意力集中在某个单一主题上,通过网络的互动性,学生可

---

① 乐明明,曹俏俏,张宝辉. 微课程设计模式研究——基于国内外微课程的对比分析[J]. 开放教育研究, 2013(2).
② 胡铁生. 微课:区域教育信息资源发展新趋势[J]. 电化教育研究,2011(10).

以根据自身情况安排学习方式和控制学习时间,实现课堂的翻转。微课是以微视频为核心教学资源开展教学,其核心是课堂教学视频,满足学习者随时随地随需地学习要求,突破时间、空间等条件局限。微课可以整合常规课程教学,也可以学生自主学习与教师发展所用,其适用于正式学习、非正式学习或兼而有之。① 总的来说,微课不同于传统单一资源类型的教学课例、教学课件,但是又是在传统教学资源基础上的继承和发展。微课在教学理念最大的突破是它提供一个知识的平台,并告之学生如何根据学习所需搜索相应的资源,使学生的学习有更多的主动权,有针对性地开展学习,从而能有效地节约时间。由此可见微课十分强调学习者的认知,学习行为的主动参与性。

二、传统传播学教学存在的问题

传播学是一门新兴的多理论融合的边缘学科。课程理论性强,既有传统社会科学理论发展而来的分析框架,也有着利用自然科学的数学工具分析社会科学的实证主义思维,传播学的学习需要人类学、社会学乃至自然科学知识的积累。正因如此,在学习的过程中学生会觉得难以理解,而传统的教师主导的强制灌输的教学模式,又难以激发学生的学习兴趣。传统传播学教学存在以下问题:一是缺乏多学科尤其是自然科学的知识储备,教学效果差。二是课程理论性强,抽象不易懂,传播的过程、模式、研究方法有具体的时代地域情境,缺乏生动的案例,学生难以体会接受。三是传统的传播学教学多为大班上课、一对多的教学模式,难以有针对性地因材施教,缺乏互动性,教学效果不理想。四是传播学的考核方式为闭卷考试,考试内容多为识记,对学生的理论实践应用能力考察不够。②

三、以学生为中心,多重参与,
微课的特点与传播学教学的融合

由于传播学课程主要讲授传播学研究的理论和成果,学生要在课堂上

① 乐明明,曹俏俏,张宝辉. 微课程设计模式研究——基于国内外微课程的对比分析[J]. 开放教育研究,2013(2).
② 姚子健. 建构主义理论指导下的传播学课程教学改革与实践[J]. 大观,2014(7).

接触大量的概念、模式、研究方法、理论、意义等,在较短的时间内,学生要接受并且区分这些不同的概念、模式、理论,很难将理论知识跟现实操作联系到一起。同时,"传播学教学基本是介绍欧美传播学研究的成果,但经典的传播现象和实验则无法还原给学生",①这也造成了传播学的理论知识与实践的脱节。而微型课程主要是针对学校教育中课程教学时间长、规模大的弊端而提出的。微课的时间和内容都是小型的、专题式模块,所以又有人称之为模块课程。②微课与生俱来的特性颠覆了传统教学的模式。

(一)内容简明,易于传播

根据心理学上的研究,成年人的注意力集中在 15 分钟左右。微课的容量小,一般一节课通常控制在 15 分钟左右,符合人类的认知特点。正是因为微课容量小,所以容易在网络中传播和下载。用户既可以在网络中流畅地在线观看"微课"的视频,也可以方便下载到各种数码设备上。③这种灵活的方式实现了移动教学、"泛在学习",也非常适合教师观摩、评课、反思和研究。④而传统的教学视频一般都在 45 分钟左右,容量大,不易于网络中的下载和传播。传播学中有大量深奥的理论,教师几乎每节课都会遇到理论的拦路虎,讲解起来晦涩枯燥,学生听后如过眼云烟,可这些理论对理解传媒现象或学术研究十分有益。⑤这些难点可以在微课中分小点,集中呈现。"沉默的螺旋"理论,传统的课堂教学常常需要一整节课来讲述理论诞生发展的来龙去脉,但是学生的注意力无法长时间集中,最后的理解也是支离破碎的。那么可以在教学当中把原本讲解 45 分钟的"沉默的螺旋"理论分解成"理论诞生""理论的内涵""理论和现实的结合"三个部分,把学生的学习时间分解,有助于其学习兴趣、注意力的保持。

(二)主题集中,针对性强

相对于宽泛的传统课堂,微课的问题聚集,主题明确,主要是解决课堂

---

① 段京肃. 传播学教学的热与难[J]. 国际新闻界,2006(5).
② 刘名卓,祝智庭. 微课程的设计分析与模型建构[J]. 中国电化教育,2013(13).
③ 黄烨. "微时代"下的"微课"浅析[J]. 科技风,2013(5).
④ 寻素华. 浅析微课程开放在校内外的应用研究[J]. 中国电化教育,2013(9).
⑤ 邓榕. 浅论传播学教学改革中多种教学技巧的综合运用[J]. 长沙大学学报,2011(1).

教学中某个学科知识点,特别是教学中的重点、难点等内容。这个知识点是供学生自主学习的,必须要教师讲述才能理解的内容,是学习的重点或者难点、易错点,学生能够自己通过阅读教材理解的内容,则不需要制作微课程。微课的教学目标集中, 指向明确,15 分钟的教学设计与安排都是紧密围绕某个难点、重点展开。微课程的设计不仅注重教师的"教",更注重学生的"学"的设计。传播学理论丰富、论述抽象,缺乏生动的案例,再加上传播理论产生有着独特的时代背景和情景,不易还原和阐释。在微课的 15 分钟当中,可以运用典型案例深入剖析,比如在讲授"使用与满足"理论时,以当前比较火爆的电视节目《我是歌手》《爸爸去哪儿》为例,分析其是出于怎样的媒介接触动机以及满足了什么需求。使学生在 15 分钟内借助具体的节目视频呈现更好地理解了"使用与满足"理论,主题集中,针对性强,能达到良好的教学效果,也便于学生下载后复习、揣摩。

(三)半结构化,可扩充开放

微课具有半结构化特点, 微课的资源要素可以随着教学需要不断地扩充、修改和完善。而传统教学视频资源结构紧密、固化封闭,难以扩充和修改。① 微课恰当运用信息技术针对不同的主题,选取合适的一种或者多种技术方法,激发学生的学习兴趣,帮助学生流畅顺利地进行自主学习。目前,本科的传播学课程主要采取讲授式教学,课堂上以老师讲授为主,学生被动地吸收知识。传统的"填鸭式"的教学模式与学生渴望互动的矛盾已经阻碍了学科的发展和社会对传播学人才的要求。② 在传播学课程教学改革中,探索新的教学模式,激发学生兴趣,重视学生的参与性是亟待解决的问题。同时,现今的教学环境也发生了巨大的变化,"微时代" 的到来给传统互联网应用带来了前所未有革命性的冲击,也给教育领域带来了不小影响,打破了传统的教学模式。微课程这种新型的教学资源建设和应用模式正是传统教学在"微时代"下的衍变。在传播学的微课程设计中,教师要以学生为中心,重视学习情境、资源、活动的设计,尽量设置与现实问题联系的情景来感染学生,将已经脱离社会的理论学习回归到真实的生活中, 将单一的被动接受学习

---

① 黄烨. "微时代"下的"微课"浅析[J]. 科技风,2013(5).
② 黄肖肖. 传播学课程教学改革研究[J]. 科教导刊,2013(4).

方式还原为丰富多彩的学习方式群落。① 比如在讲"群体效应"理论时,在课程当中设计游戏的环节,让学生在游戏中自己体验群体趋同心理,让学生直接参与到艰深的理论中来,迅速理解和掌握理论,体会到学习的乐趣,并且记忆深刻回味无穷。在学习效果的掌握上,还可以效仿网络游戏的通关环节,学生只有答对课后的问题才可以进入下一个学习单元,既通过互动了解了学生的学习情况,也提高了学生的学习兴趣。

四、微课在传播学教学中的应用与设计

微课要在很短的时间内完成某个难点、重点的内容讲授,这就决定微课程的教学形式与传统的各种教学形式有很大不同。微课程教学手段的使用是以提高教学效率为目的,微课程的表现形式决定了其教学不能以大篇幅、细讲解来实现。所以微课程的内容选择和设计显得尤为重要。

(一)微课的设计思路

在传播学的教学当中,微课的设计思路应考虑学习者思维的灵活性、广泛性、深刻性,注意对学生的思维启发过程,帮助学生建立学科思维方式。符合、顺应学生的认知规律。微课教学当中不能以教师为主,在选择经典传播理论时应充分考虑学生的思考方式,区别与实际课堂教学,在微视频中实现与学生的互动。

(二)微课的教学目标

"微课"主要针对某一知识点开展教学,教学时间通常在 15 分钟左右,所以在微课程的教学目标上不宜选择较多的知识点,而要致力于讲清楚某个知识点。比如将传播学的"议程设置""涵化理论""沉默的螺旋"等一些较庞大的知识点分解教学,基于"知识点"的微课程教学资源,通过组织相互关联的微视频课程,提高学生的自主学习能力和质疑能力,促进学生学习的积极性。②

---

① 微课程的优势和意义:http://wenku.baidu.com/link? url=a9WQU9PzsE48buDIs2m4OSobZHmbxo2-qm2rzDVvVU vmG9Mgwt53W-MkvFWi-ByVmZjCL3FuaxjmZF7zs3TPYYMtCV_mAJeIGGutsqNLqbC

② 寻素华. 浅析微课程开放在校内外的应用研究[J]. 中国电化教育,2013(9).

(三)微课教学内容的选择

微课程对教学内容的选择有自身的特殊性，比如对于概念性知识的讲法，可以采用：问题提出—引导学习者—提出自我定义—在教师修订中给出正确概念。有多种解法时，可挑选几种讲解，其他使学生查看"辅助资源"学习，在教学内容当中要凸显微视频对学生思维的引导。① 不同的教学内容适合不同的教授方式，比如讲解传播学者生平时适合故事讲授式，讲解传播模式的微课程适合探究式。教师在教学内容组织上要挖掘教材知识背后蕴含的深刻意义，学科思维和实际运用等。

(四)微课的教案编写

微课不仅仅是一段简单的视频，它还包括教案、教学课件等其他教学资源的配合使用。选好题后，需要针对学生的认知心理以及"泛在学习"的特点进行编写。教案需要包括教学背景、教学目标、教学方法和教学总结等方面内容。②

(五)选择情境式教学设计

剖析知识点，结合学生认知水平心理，将知识点与学生的生活背景与文化习俗紧密联系，以符合学生心理的语言和形式展现知识。对选择的素材进行设计与后期处理，使学生在情景化的环境中学习，从而提高学生学习的兴趣。针对学生的心理，比如在讲解人际传播时，可以在微课中模拟古希腊人辩论的场景，把理论与现实情境相结合，增强代入感。

(六)课件的制作

微课的课件通常采用 PPT 格式，针对选定的知识点设计 PPT。受微课时间的限制，PPT 的时间通常也不宜过长，不需要冗长的文字，使用规范用语，语言文字表述清晰、有条理，易于学生理解。总体上要求 PPT 合理布局，成

---

① 此内容源自 2014 年"本科院校微课程教学设计开发与应用"骨干教师培训会，首都师范大学焦宝聪教授的资料。
② 黄烨. "微时代"下的"微课"浅析[J]. 科技风，2013(5).

像清晰,无质量缺陷,抓住学生注意力的最佳黄金时段,简明扼要地概述知识点,点拨难点,突出注意点即可。

(七)微课视频制作

微课中的教学视频是微课成功的关键。视频的录制方法有几种可供参考:摄像机加黑板,使用黑板或投影为背景,教师在讲授的时候无论是板书还是PPT,摄像机全程录制。这种方法需要助手合作,或者同时几台摄像机分工合作,有的录制教师近景,有的录制教师全景,或者学生景,最后进行成片合制。另外也可以使用录频软件,这个方法操作简单,一个人就可以完成。录制的时候采用录频软件,使用电脑将整个教学过程录制下来,最后使用非线性编辑软件进行后期制作,形成完整的微视频。

五、结　语

微课是基于新的媒介生态环境应运而生, 适应了学习者需求的更为丰富的非正式学习体验的需求①。微课产生于微型化、片段化、社会化、大众化与草根化媒介技术与内容的背景, 隐含的学习理论基础是社会建构主义与联通主义, 即将学习情景视野放在了网路社会结构的变迁之中。② 由此可见, 微课在形式上主要侧重于基于手持移动终端使用片段化微型学习内容的非正式学习,技术上符合现代媒体的发展趋势,理念上是连接正是学习与非正式学习,使得学习成为连续的全景化的学习。③ 微课作为一种新型的教学资源, 已经在实践中取得初步成效, 但是并不是所有的课程, 所有的教学内容都适合微课,针对传播学教学的特点如何设计、开发与实施微课,并与具体的应用情境进行整合,有效地促进学生的正式与非正式学习,还值得进一步在理论和实践中探索。④

① 祝智庭,张浩,顾小清. 微型学习——非正式学习的使用模式[J]. 中国电化教育,2008(2).
② 王佑美,祝智庭. 从联结主义到联通主义:学习理论的新取向[J]. 中国电化教育,2006(3).
③ 祝智庭,张浩,顾小清. 微型学习——非正式学习的使用模式[J]. 中国电化教育,2008,(2).
④ 梁乐明,曹悄悄,张宝辉. 微课程设计模式研究——基于国内外微课程的对比分析[J]. 开放教育研究,2013,(2).

参考文献：

[1] McGrew, L.A.(1993).A 60–second course in Organic Chemistry [J].Journal of Chemistry Education,70(7):543–544.

[2] Kee,T.P.(1995).The one minute lecture[J].Education Chemistry,(32):100–101.

[3] Shieh,D.(2009).These lectures are gone in 60 seconds [J].Chronicle of Higher Education,55(26):A1,A13.

[4] Morris,L.V(2009).Little Lectures[J].Innovative Higher Education,34(2):67–68.

[5] 范福兰,张屹,白玉清,林莉.基于交互式微视频教学资源教学模式的应用效果分析[J].现代教育技术,2012(6):24–28.

[6] 罗丹.微型课程的设计研究——以"老年人学电脑"为例[D].上海:上海师范大学硕士学位论文,2009.

[7] 孙众,马玉慧.课堂教学视频的力量——网络时代教师群体学习的新渠道[J].开放教育研究,2012(2):80–85.

电脑游戏数字资产挖掘与
广告设计实验课教学的应用

吴志勇

摘　要：教育部提出建设立体的教育数字内容服务运营平台，传统的数据库主要是从学界现有的音视频以及文档中提取资源，本文从电脑游戏的海量数据中挖掘教学资源，使之更好地服务于高校实验课教学。首先从现有研究的优势与不足入手，然后介绍将电脑游戏资源应用于广告实验课教学的一般流程、关键技术与核心，最后以教学与工程实例介绍了基于电脑游戏的数据库对虚拟演播室、引擎电影以及虚拟展示平台的应用。

关键词：电脑游戏；广告；实验教学；数据库

一、研究背景

(一)教学资源数据库建设的重要性

教育部提出，要建设集网络管理系统、数据中心、安全中心等于一体的教育数字内容服务运营平台，其核心就是要建设一个面向不同专业的全方位的数字资源库，包括：平面的纸介质出版物、网络流媒体视频或交互动画、电子书、多媒体光盘、网络课堂(精品课程、视频公开课程、微课)等数据库资源。这些"大量化""多样性"以及"快速化"的海量数据通过现代数据分析与处理技术，已经在各高校数据库建设以及教学中展现出越来越重要的作用。

(二)广告设计实验课程中引入电脑游戏资产的必要性

平面设计、网页设计、影视广告制作教学需要大量的素材,供学生临摹与借鉴。在传统教学中,广告专业教学直接从商业字库(如方正字库)、图片库(如美国国家地理图片库)、音效库、视频库(如 apple 网站的电影预告片资源库)、模型库(如 Viewpoint、Evermotion、Greenworks 模型库)等途径获得教学资源,此外也能通过专业的搜索引擎如美国普林斯顿大学开发的 3D模型搜索引擎[①]、Google 互联网 3D 模型搜索引擎等得到部分教学资源。但这些素材也存在局限性:主要针对商业领域开发,与高校教学关系关联性不够;良莠不齐,搜集、存储与检索不便;资源分散,不能让学生看到作品制作的幕后流程全貌与最终效果;数据非结构化,缺乏相关联的设计知识或语义标签,不便于后续设计与知识重用。诸多原因导致面向教学与科研领域的三维模型库、音效库等教学资源仍然十分匮乏。

(三)广告设计实验课程中引入电脑游戏资产的可能性

计算机硬件与图形学的进步带来了电影级真实的视觉感受,一些基于游戏引擎的微电影(如基于 Quake 引擎的"Diary Of A Camper")、动画(如基于 UE3 引擎的"Chadam"等)、电视剧也随之出现。电脑游戏作为实时演算的图形展示系统,具有独特的优点:针对特定专题开发,数据库庞大,覆盖面广,使用游戏自带的资源可以完成同类题材的电影或虚拟展示网站的制作;资源系统,有一套完善的管理系统,从游戏自身能学到大量关于数字资产管理的知识,以及计算机图形学方面的知识;研究者众多,学生也很感兴趣,能允分调动学生的创作热情;大量游戏公司提供开发包(SDK)给爱好者制作游戏 MOD,也有大量第三方工具软件对游戏资源进行提取与管理。

游戏开发中涉及诸多数据资源(模型、贴图、音频、脚本),通过合理的数据分析与数据挖掘,能够为广告设计教学提供海量"大数据",这个资源平台的搭建,能将业界最新的研究成果纳入学界,能让学生快速接触到一流的项

---

① 潘翔等. 三维模型语义检索研究进展[J]. 计算机学报,2009(6).

目生产线管理与数字资产管理经验,能让学生实现验证性实验、探索性实验和综合性实验等多种目标的结合。

二、国内外研究现状

从高校课程设置来看,目前高校开设的广告设计、数字媒体以及相关专业(动画设计、环艺设计、游戏开发等),研究范围主要是集中在游戏策划、美术设计、关卡设计、引擎电影、植入式广告等。从学术研究来看,国内高校等研究机构在国家自然基金等相关资助下开始重点关注三维模型数据库领域的研究工作①②③④⑤。部分学者从媒介融合⑥,游戏引擎电影⑦⑧、植入式广告⑨⑩、仿真教学⑪⑫、影视动画设计⑬⑭等视角出发,对基于游戏资源的二次应用现象进行了阐述。部分广告学专业学生在毕业论文中也开始涉足电脑游戏领域。这些研究成果与教学很少涉及游戏开发的副产品——游戏数字资源的二次应用。

三、游戏资源引入课堂的教学方式研究

(一)架构理解、流程熟悉为基础

由于学生的研究能力有限,因此在教学中,我们将游戏数字资源的二

① 陆永涛,袁继峰,汪健人. 基于 Unity 引擎的土木工程专业 Web3D 模型开发[J]. 山西建筑,2014(35).
② 杨漾,姚杭飞,杨琛等. 基于 Unity 3D 的虚拟家具商城的设计与实现[J]. 计算机时代,2014(06).
③ 纪彦忠,李浩. CityMaker 中三维模型数据的数据库组织方法与应用扩展[J]. 城市勘测,2013(03).
④ 李小龙,姜华,魏鲁双等. 基于 Inventor 的水下生产虚拟仿真设计系统的设计与实现[J]. 天然气工业,2014(05).
⑤ 何丽,孙文磊,朱颖. 网络化三维模型库在机械制图教学中的应用[J]. 中国科教创新导刊,2011(05).
⑥ 周洁. 电影与电子游戏的融合研究[D]. 福州:福建师范大学,2009.
⑦ 乔凤天,费广正. 引擎电影的艺术特征探究[J]. 现代传播,2010,(11).
⑧ 陆莎,田兴彦. 基于游戏引擎的引擎电影创作[J]. PLC 技术应用 200 例,2010(10).
⑨ 杨少同. 从媒介特性看中国网络游戏内置广告的价值与发展——以网易和盛大两种模式为例进行考量[J]. 金田,2012(3).
⑩ 吴非. 角色扮演类网络游戏中的广告植入研究[D]. 南昌:江西师范大学,2011(04).
⑪ 张青,曲洲青. 基于游戏引擎的力学仿真新方法[J]. 中国传媒大学学报(自然科学版),2013(02).
⑫ 田超,张文俊. 基于物理引擎三维物理仿真实验的实现方法[J]. 微型电脑应用,2010(02).
⑬ 徐正则. 3D 游戏场景动画应用于影视节目制作初探[J]. 现代电影技术,2010(09).
⑭ 徐正则. 3D 游戏场景动画应用于影视节目制作初探[J]. 现代电影技术,2010(09).

次应用设置为三个阶段：素材采集层面——游戏数字资产的提取与挖掘；数据库建设层面——游戏数字资产的分类与管理；数据应用层面——基于游戏资产的二次开发与应用层面。这三个层面共同服务于科研与教学的目的。

在教学中，我们首先让学生熟悉整个开发流程：在游戏资产提取上使用逆向工程，通过专用解包工具与暴力破解结合，得到游戏压缩包内所有的模型、贴图、音频、脚本等数据；在数据库建设层面上，引入数字资产管理系统（Digital Assets Management System），通过将提取的游戏资产文件进行合理分类管理，建设一个系统化的数据库；在数据应用层面，引入管线管理系统（Pipeline Management System），将所有基于游戏资源进行的各类开发，如基于游戏引擎的微电影，基于游戏引擎的建筑漫游动画，基于游戏资源的视频广告……在这些具体应用项目中通过流程管理进行数字资源与开发人员的合理配置。

上述流程如图1所示。

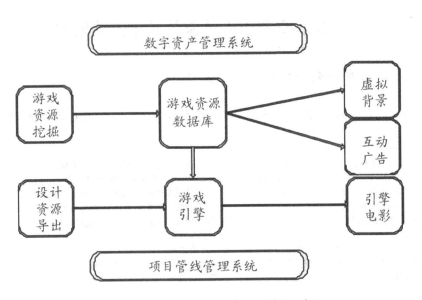

图1　游戏数字资产挖掘与实验教学应用流程

(二)产学研结合为核心

CDIO[①]工程教育模式是近年来国际工程教育改革的最新成果。CDIO代表构思、设计、实现和运作,它以产品研发到产品运行的生命周期为载体,将实践项目与科研课题纳入教学,让学生以主动的、实践的、课程之间有机联系的方式学习课程。在广告专业实验中有意识地贯穿该教学思想,将会极大提高广告实验课教学的效果。

(三)项目管理为纽带

我们在实验中引入国外数字项目管理软件 Alienbrain 以及 Tactics 系统,模拟社会实践中的项目管理。通过 Alienbrain 系统,教师或学生可以直接浏览提交的模型、贴图、音频、视频、文档,并可以通过简单易用的附件、便笺、邮件、报告等工具对作业、方案或文件进行批示、标注。通过 Tactics 系统,教师作为管理员与执行员可以设计项目或创建方案,设置计划,学生通过可视化的信息图与流程图工具让自己的任务、方案、项目以及产品进行实时的跟踪与查询。

四、实际教学应用效果与存在的问题

(一)教学应用效果

1. 应用领域研究

将电脑游戏资源用于广告宣传片、新闻专题片与纪录片、商业广告片、虚拟环境绘制、群体角色动画、工业仿真,交互展示等广告表现领域的制作中,收到了良好的效果,能满足各类教学、培训与仿真的需要。在教学中,我们对基于游戏资源的数据库应用主要表现在下述三种途径:

(1)虚拟演播室设计与应用

将实拍人物角色与虚拟背景融合,构建动态虚拟演播室。通过教师导出

---

① Edward F Crawley. Creating the CDIO Syllabus, a Universal Template for Engineering Education. 32nd ASEE/ IEEE Frontiers in Education Conference ,November 629,2002.

Halflife2 中的角色以及场景资源，学生进行贴图资源置换，然后导入 UnrealEngine 中进行渲染，最后输出到非线性软件中进行合成。学生将游戏资源通过修改和调整后用于湖北卫视《大揭秘》栏目，得到了有关方面的肯定与关注。

(2)引擎电影设计与应用

一些游戏开发商不断降低商业引擎的授权费用，甚至免费提供学院版商业引擎。利用这些商业游戏引擎直接建构场景、渲染动画，不仅能提供逼真的实时光影运算、真实的气效与动力学、动态柔和阴影、细腻的角色表情与群体动画，还具有渲染快速、场景复杂、成本低廉、培训简易等独特优点。房地产漫游广告宣传片是广告设计中一个重要的项目，我们在教学中尝试使用基于 *TombRaider* 与 CryEngine 引擎的房地产漫游动画，学生将三维模型导出到游戏引擎中进行场景构建与渲染输出。

(3)虚拟展示平台设计与应用

在基于互联网的虚拟展示系统中，应用二维 swf 动画或三维 vrml 模型，建构商品展示平台。我们引导学生从《开心网》或《QQ 农场》等经营模拟类网站提取部分动画资源，利用 html5 技术，将资源用于网站中，模拟具有较强交互行为的商品展示平台，让购买商品的消费者在"沉浸"式审美观影与友好的交互体验中获得对商品的感知。

2. 学生对广告设计中引入游戏资源的态度与效果研究

在教学中引入电脑游戏资源，对学生的影响主要表现在：

(1)解决了广告设计所需的资源与素材

游戏中丰富的植物库、建筑库、音效库更是令广告制作效率倍增，比如，我们要求学生从游戏中查询夏季的鸟鸣虫叫等环境音效，然后根据项目需要，拷贝所需游戏资源到项目目录下，学生很快从 *CryEngine* 系列中找到了大量资源，提高了效率的同时也极大鼓舞了学生的创作热情。

(2)改变了学生对广告设计课程的认识

传统广告设计教学中，将视角局限在现有的影视作品或平面作品中，而忽视了电脑游戏为广告创作所提供的可能性空间。比如，我们在宣传片、纪录片制作中，涉及战争类题材宣传片，学生提出能从军事模拟游戏(如《三角洲特种部队》*ARMA* 等)或第一人称射击游戏(如《使命的召唤》《荣誉勋章》系列)中直接提取世界各国二战时期到现代的各类战车、武器、服装道具等模型与贴图,我们通过具体实验操作验证了该想法的可行性。

(3)为学生将来从事新媒体广告打下了基础

通过游戏引擎,学生能将熟悉的广告通过模型、贴图、音乐等途径内置在电脑游戏中,构成交互性强的植入式广告。游戏作为新型广告表现媒介,学生作为场景创意与形象创意的设计师,在新媒体中实现了教学与实践的高度统一。

(4)增强了团队合作意识

二次开发需要将原始游戏与现有项目进行比较分析、提升创新,无论是将游戏资源移植到广告中,或将广告设计资源植入到游戏引擎中,都需要团队的协作。在某个地产漫游的宣传片制作中,我们将学生分为五个小组,每个小组设一个组长,配合项目管理员负责权限设置与资源维护:剧本分镜组编制剧本,根据现有资源设计场景、制作 Logo,并绘制分镜头脚本;程序开发组对游戏资源文件进行解包与打包,并根据解包后的 DRM 段落场景文件、Mesh/Scence 场景文件、Dds/Png/Raw 图片文件,Mul 声音文件等资源文件按照序号——"hashcode"进行编号,为导入三维软件进行插件开发;模型动画组使用三维软件 Maya 对模型进行制作、整理,导出 FBX 骨骼动画模型;材质灯光组使用 Photoshop/Maya 等对绘制、修改、分配概念草图、角色与动作设定、材质与贴图,特别是对于多层纹理贴图需要进行反复调整;渲染合成组使用 CryEngine 引擎搭建整个动画电影的场景,并进行后期合成。通过这个实验,学生体会到团队协作直接关系到生产管线的流畅运行,也明白了现代企业中引入项目管理与流程管理的必要性。

(二)存在的问题与讨论

存在的问题主要体现在两个方面:

1. 游戏引擎自身的问题

由于硬件与算法局限,电脑游戏难以实现高级的逼真绘制算法(如表情动画、全局光照)、符合物理规律的实体运动、形变仿真、织物模拟和流体模拟等,而这些特效元素却是影视广告的重要表现手段,因此,基于游戏资源的广告设计教学必须看到这个局限,合理利用其优点。

2. 开发商的人为限制问题

许多游戏具有优秀的资源,但是开发商不愿开放游戏资源,在游戏资源打包、游戏模型、图片、音频等格式上采取种种限制,无疑会增加逆向编译与提取资源的难度。

五、结论与未来工作

本文的主要研究创新点在于搭建一个基于电脑游戏资源（包含游戏引擎、游戏资源、游戏开发流程等)平台,通过二次开发与应用,在让游戏资源移植到广告中,让广告设计资源植入到游戏引擎中,从而创建一种新型的广告表现方法与表现媒介。在下一步研究中,我们一方面将扩大数据库资源的建设、维护与管理,另一方面拓展基于游戏资源的应用研究等作进一步的探讨。

(感谢湖北大学新闻传媒实验教学示范中心相关负责人对本项目的支持! 湖北大学新闻传播学院、国际交流学院2010级广告专业部分同学以及武汉大学数字媒体工作室的部分同学,参与了本项目中相关测试,在此一并致谢!)

六、域外传媒教育撷英

英国的媒介与高校媒介教育简述

廖声武

摘　要：英国有众多的新闻传播媒介，伴随新闻传播媒介繁荣的是发达的媒介教育。英国各高校的媒介教育都有所侧重，各具特色，构成英国传媒教育的独特景观；高校教师在重视教学的同时，也十分重视科研，学校具有浓厚的科研氛围；学校为学生提供有良好的实习环境和实践条件，以培养学生掌握具体的媒体操作的技能，提高学生的就业竞争力。

关键词：英国；媒介教育；特色

笔者曾三度访英，两次是短期出访，一次是为期一年的访学，对英国的媒介和高校媒介教育分别有过一些接触。这里就英国媒介和媒介教育的情况谈一些观感。

英国是大西洋上的一个岛国，面积24万平方公里，人口有6100万，面积和人口与湖北省（18万平方公里，6027万人）差不多。首都伦敦城市有600万人口，伦敦人来自全世界，是全球化体现的较为集中的地方。伦敦人除了白人(许多来自东欧、北欧)之外，主要有印巴人、阿拉伯人、黑人、华人等，其中印巴人比例较大，约240万。在伦敦的华人大约有15万(华人在全英国有60万，约40万人有选举权。)

一、英国的媒介

英国的传媒非常发达。英国广播公司(BBC)是电子媒介，经营有广播、有电视、有网络，属官办。私营的有默多克(Murdoch)的天空电视(Sky TV)，是BBC的有力竞争者。还有一家独立电视台(ITV)。另外是数字电视(有

1000 多个频道,一年的收视费 4~~500 镑)。

广播除 BBC 之外,就是伦敦广播电台(LBC)。英国人很喜欢听广播,商店里各种各样的收音机在销售。广播除正点新闻播报外,基本上都是谈话节目。围绕一个话题谈好多天,比如 2009 年国会议员报销丑闻出来后,谈了好长时间。夜里也有情感话题的主持人节目,还有围绕一些日常生活的话题,比如英国商店里缝纫机畅销,主持人谈了一上午,邀请受众打电话进节目谈畅销的原因,讨论买缝纫机去干什么。

全英国的报纸大约有 150 多家,除了地方报纸之外,伦敦的报纸差不多都是全国性的,《泰晤士报》(Times)、《金融时报》(Financial)、《独立报》(Independent)、《观察家报》(Observer)、《每日邮报》(Daily Mail)、《太阳报》(The Sun)等都是发行量较大或较有影响的报纸(每份 20 便士至 1.5 镑不等)。《泰晤士报》和《太阳报》都是默多克办的。《太阳报》发行量较大,第三版的“三版女郎”(the 3 page girl)是雷打不动的版面,无论发生什么重大事件,这一版从不改变。主要是吸引年轻人,青少年都喜欢看这个版。

除了收费报纸外,还有免费报纸。主要是地铁报,早上有《地铁报》(Metro)、晚上有《伦敦晚报》(London Lite)等。免费报纸较少政治、经济的新闻,主要是明星、案件、与百姓生活密切相关的内容,如体育、旅游、购物等。文章一般不长,字体较大,行距间隔较大,便于行车时阅读,一份报纸一般 3~5 站地铁之内可以浏览完。

除了英文报纸,在伦敦还有许多中文报纸。主要有《英中时报》(UK-chincsc Times, 免费)、《伦敦时报》(London Global Times)、《华商报》《太阳报》(华人办的,免费)、《欧洲商旅报》(德国出版、全欧洲发行)等

中文报纸中,除个别报纸之外,基本上都对中国态度友好。《英中时报》(2003 年创办)与《太阳报》(2007 年创办)都属于欧美嘉集团的报纸,2009年获得国际标准连续出版物号英国管理中心的 ISSN (国际标准连续出版物号),这表明英国专业机构对这两家报纸专业水平的认可。这是英国中文报纸首批获得 ISSN 号者。

《英中时报》是全英发行量最大、最具影响力的华文周报。除了报纸之外,还有英中网(www.ukchineses.com)网络版。每期 96 个版,有华埠新闻、中国新闻、英国新闻、人民日报海外版(英国周刊)、香港文汇报专版、艺文、法

律、乐活、娱乐、资讯、运动、游玩等专版。

《伦敦时报》每期80版，有时事(华人动态、英国视野、爱尔兰视野、与新华社合作版、与中新社合作版)、社会、教育、中医保健、商业、文化、时尚、娱乐、体育等栏目。

《华商报》是对开报纸，正刊有18个版，下半版是广告，副刊有一个版为黄色笑话。

《太阳报》办的时间稍晚，一般40个版，时事、时尚、娱乐、资讯等为主。以关注华人社区生活为特色，如《华人受种族伤害高于其他族裔》《77名中国儿童被拐伦敦》报道都放到了头版头条。

二、英国的大学课堂教学

英国的大学(university)大多是公立的。各大学都招收海外学生，海外学生主要来自中国、印度和非洲等地。学制本科3年，硕士1年，博士3年。

英国高校实行的是3学期制。通常10月5日—12月18日为秋季学期，1月11日—3月19为春季学期，4月12日—7月23日为夏季学期。夏季学期为考试季。

英国大学课堂教学注重学生的主体性。每节课都要求学生到教室前做陈述(presentation)。学生必须在下面做大量的阅读和研究工作，以小组为单位的一个人的陈述算一个小组的成绩，没有谁敢马虎。(学生来自全世界，没有情面观念，及格就是及格，不及格就是不及格，通常50分及格，75分就是较好的成绩，80分是高分。)

大课则分成几部分，由召集人(convener)主持，主讲老师上课，接下来由助教(seminar leader)主持讨论(seminar)，由于大课班大，通常有几个助教。大课的程序是：首先由召集人介绍今天的学习内容和学习要求，大约5分钟，接下来是主讲教师的讲授，介绍课程内容，像一个讲座，也注重生动形象，有PPT，有网络连接。40分钟后，由助教主持接下来的讨论。主讲教师上课时，有许多其他的老师来听课，因为主讲的内容可能是他最近的研究成果。

老师的教学在学期结束时要接受学生的评价。评价表在最后一堂课结束时当堂发放给学生,学生对老师教学的各项指标给出等级,表填完后即被收走。

三、英国的传媒专业教育

英国的传媒专业(media and communication)教育近年来颇受欢迎,传媒专业分为媒介、新闻、传播三个方向。媒介和传播专业学的东西比较泛,包括文化、广告、公共关系等方面的理论知识;新闻比较具体,比如国际新闻(international journalism),除了理论知识外,包括大量的实践内容,如新闻采访、新闻写作、新闻报道、出镜等。

在长期的教学研究中,各大学形成了自己的特色和专长。例如:

牛津大学的互联网传播研究很有特色。拉夫堡大学的媒介专业也属全英前列,媒介文化研究卓有建树。伦敦政治经济学院传播系课程较完善,全球化研究、新媒体及媒体社会心理学较有特色。

威斯敏斯特大学的传媒专业较全,研究力量较强,以英国及欧洲媒体历史与政策、受众研究以及世界媒体研究见长。硕士学位有国际传播、国际新闻、传播学、传媒管理、传播政策等。

伦敦大学的皇家霍洛威学院(Royal Holloway)传媒专业的强项是电影、电视和影视编剧。伦敦大学金史密斯学院(Goldsmiths)的传媒专业,强项在新闻史、媒体文化。卡迪夫大学的新闻学专业比较传统,侧重于新闻学,与其他科目交叉性不大。

华威大学的传媒专业侧重电影和电视教育,媒介研究则比较侧重媒体经营以及媒体与商业之间的联系。布里斯托大学的媒体专业侧重电视管理和学科交叉,很多国际媒体的管理者都来这里进修。谢菲尔德大学新闻系的广播专业的老师有些是在BBC工作过多年的,他们与当地电台保持良好的联系,较注重实践;政治传播学研究较强。

莱斯特大学开设的传媒硕士研究生学位有:全球化与传播,大众传播以及媒介与传播研究。利兹大学开设的传媒硕士研究生学位有:传播研究,国际传播,国际新闻以及政治传播。

巴斯斯巴大学的传媒教育设在人文及文化产业学院,该学院本科课程有创意媒体实践、创意写作、英语文学、影视研究、大众传媒、出版、创意技术与产业等。其中创意写作融合计算机技术,非常有特色。

四、英国传媒教育的特点

英国是西方资本主义发展较早的国家,近现代新闻传媒发达,传媒教育也伴随着新闻媒介的发展而不断发展,因此,英国高校的传媒教育源远流长。

(一)各高校在媒介教育方面有所侧重,各具特点,有的明显带有社会学、文化学传统

早在 20 世纪 30 年代,一些社会科学家便开始对媒体效果研究产生兴趣,传播研究与传媒研究院系应运而生。研究领域范围宽泛,涉及大量的非新闻类的媒体传播内容,如广告研究,公共关系研究,媒体经营研究等。教学中,学电视专业的学生不仅仅接触和电视相关的课程,他也许会学到电影、文学、文化批评;学电影的学生也许会接触到社会学知识;而学新闻的学生有可能去学心理学、经济学等等。[1]从理论课授课内容也可以看出其较强的社会科学特点,比如《新闻理论》,涉及战争与新闻、新闻业市场结构与新闻实践、新闻从业者为谁而工作、新闻与政治、国际新闻流与通讯社等专题。[2]

一些学校的老师从不同的学科背景进入传媒教育,给媒介教育抹上浓重的原来的学科色彩。比如拉夫堡大学的默多克教授,原为莱斯特大学专攻社会调查的学者,后默氏进入拉夫堡大学,也将社会学研究的传统带到传播研究中来。

从威斯敏斯特大学退休的科林·斯巴克斯教授(现受聘于香港浸会大学),曾在伯明翰大学的文化研究中心师从著名的文化学者斯图尔特·霍尔教授,后来斯巴克斯教授转向了传播政治经济学研究,并推动威斯敏斯特大学传播与媒介研究所成为传播政治经济学研究的重镇。[3]可以说,不管怎

---

① 唐世鼎,黎斌. 世界传媒院校[M]. 北京:中国传媒大学出版社,2005:125.

② 郭宝. 浅谈英国新闻传播学教育[J]. 新闻天地,2010(4).

③ 科林·斯巴克斯. 全球化、社会发展与大众媒体[M]. 北京:社会科学文献出版社,2009:18.

样,文化研究的背景在这中间具有重要作用。

(二)学术研究为教学提供支撑

英国高校的学术氛围很浓。笔者所访学的媒介、艺术与设计学院每周三都有一个研讨会(seminar),主讲人来自英国各高校。牛津大学、伦敦政治经济学院（LSE）、拉夫堡大学、斯旺斯大学（Swansea）、金史密斯学院（Goldsmiths）的老师,大老远的乘车或开车自己来,没有接送,讲完走人。学院老师对讲座主题感兴趣的都会来听。会场有时座无虚席,有时门可罗雀。研讨会从不给讲课费(正式的学术研讨会请来的主题演讲者例外)。讲完可移步咖啡屋接着喝咖啡,继续讨论,远道而来走不了的,才留下吃顿饭。大家是来讨论学术的,不是来传经送宝的。

英国高校教师的科研也实行量化管理。通常研究型老师5年要求杂志上发3篇文章(chapter 不算),出一本书。(其他讲课老师不在此考核之列。这些没有正式访问过,只是笔者通过与教师聊天得到的信息。)

对高校的学术研究评估由英国教育部的专门机构进行,每5～7年一次。评估结果直接涉及研究经费的下拨。评估时各高校并不知情,最近一次是2008年的评估。评估建立在对159所大学52400名职员发表于2001—2007年间的20万件学术成果的评估之上,由1100名各领域专家分成67个小组来对各高校研究水平进行打分。而评估结果直接影响从2008年到2013年每年总计15亿英镑的学术经费的流向,以及影响各校各专业的排名和未来的招生情况。此前的一次研究评估考核(RAE)结果的公布是在2001年,24所表现优异的大学获得了所有科研经费中的75%。评估以论文发表的档次计分,分为四个档次:国际领先、国际水平、国内水平、发表水平。

(三)注重学生实践能力的培养

英国各高校资金充足,教学实验设施一流。开展传媒教育的学院基本上都配有高质量的、专业的演播室、创作室、实验室和专业设备。以巴斯斯巴大学为例,巴斯斯巴大学在英国排名一般,但其人文及文化产业学院的传媒实验室在全英国属一流,一种最新的录音录像设备,全世界共十多套,该校实验室就拥有 3 套,学生学习期间可享受高质量的实验实践设施。学生在校期间还能够获得英国本地以及全世界各大组织机构学习及实习的机会,这保证了学生的所学和社会需求的一致性,使学生在学习过程中获得的知识更具有实用性和可行性。①

学校与业界联系密切,这种密切的联系保证了学生实践能力的培养。许多高校的老师本身就来自媒体,或过去曾长期在媒体工作。这种关系也使得传媒教育的应用性和实践性特点得以保持和发扬。威斯敏斯特大学媒介、艺术与设计学院院长莎莉·费德曼教授介绍其学院的特点时说,该学院的教学与相关行业保持紧密的联系和沟通,"包括新闻学课程在内的很多课程,都为学生提供工作机会和工作经验。新闻系每周都会请编辑、媒体经营者、记者来院讲座。我们很多人都努力保持与业界的联系,并且鼓励业界同行访问学院。"教学的"整个过程的重心是帮助学生理解媒体、分析和评价媒体以及掌握具体的媒体操作技能。我们不仅使他们有信心成为实践者,还令他们有信心成为研究者、思考者、编辑和制作人。"②

五、几点感想

以上简述,不是系统的观察的结果,基本上是零星的,挂一漏万。但这些对我们的教学来说是有启示的。

(一)明确目标,突出特色

英国高校的媒介教育,各家都有自己的专长,有自己的办学特色,不是一个调色板调出来的一种颜色。这一点对我们如何办出特色来,值得借鉴。长期以来我们新闻传播专业的办学思路是放眼全局,立足湖北,服务区域新闻传播事业发展,培养专门人才。目前,湖北地区新闻传播院系林立,在众多新闻院系中办出特色,需要我们进一步明确办学目标,切实做好教学工作,凸显我们的优势,形成我们的特色。

---

① 笔者 2014 年 11 月访问巴斯斯巴大学时,该校人文及文化产业学院院长和实验室经理的介绍。
② 钟欣,周树华. 传媒镜鉴:国外权威解读新闻传播教育[M]. 北京:中国传媒大学出版社,2006:255—256.

(二)科研是教学的先导

英国的高校重视科研,以科研促进教师队伍建设,带动教学,这一点,值得我们仿效。

事实上,教学和科研是相辅相成的。鲁迅当年写作《中国小说史略》,是科研的结晶,也是教学的成果。法国著名文化研究学者米歇尔·福柯在14年中讲授了13个专题,授课任务可谓异常繁重,但他的杰出的系列著作《性经验史》也正是他的科研给他的教学提供的产品。[①]

国内有教育工作者在论述科研与教学的关系时说:大学是创造知识的。在大学,科研工作是源,教学工作是流,没有科研这个源,教学这个流就难以充实新的内容。教学与科研是密切相关的,科研工作要走在教学的前面,科研水平高,就会使教学水平也高。[②]美国麻省理工学院为美国培养了大批科技人才,学院本身就是一个科研中心。

(三)重视应用型学科特点,加强实践教学

英国高校媒介专业与实务界的联系密切,除了部分教师自实务界转行来任教、经常有实务界的资深专家来学校讲座交流之外,他们为学生提供许多实务界的工作岗位供学生实习。这保证了学生的课堂学习和课外学习的紧密结合,转化为实际能力。

我们学院有众多的省级校级实习实践基地,有双向挂职的对口协作媒体,如何利用好这些资源,促进和改进教学,需要我们进一步探讨。

---

① 〔法〕米歇尔·福柯. 性经验史[M]. 佘碧平译. 上海:上海人民出版社,2002:1.
② 王炯华. 朱九思评传[M]. 武汉:华中科技大学出版社,2011:16.

"密苏里方法"对我国新闻传播人才培养的启示

张 帆

摘　要：密苏里大学新闻学院举世闻名，"密苏里方法"是其人才培养之法宝。本文从多元化的实践基地、具有实践经验的教师队伍和丰富细化的课程设置三个方面对"密苏里方法"进行了探析。结合我国实际，对照"密苏里方法"，从实践基地由封闭走向开放、加大具有从业经验教师的比例、课程设置以"职业"为导向三个方面分析了该方法对我国新闻传播人才培养的启示。

关键词：密苏里方法；新闻传播；人才培养

密苏里大学的新闻学院创建于 1908 年，是世界上最早开设新闻专业的高等学府，被誉为"美国记者的摇篮"。在全美新闻学院排名中，密苏里大学新闻学院常年霸占头名，其培养理念与教学模式成为研究对象，而其提出的"密苏里方法(The Missouri Method)"更是成为人才培养之典范。本文将从实践基地、教师队伍、课程设置三个方面来探析"密苏里方法"的实施继而分析其对我国新闻传播人才培养的一些启示。

一、"密苏里方法"在密苏里大学新闻学院的实施

"密苏里方法"是指在新闻、广告和其他媒体领域，将扎实的人文科学教育与专业媒体的实践训练相结合，以职业为导向。建院百年以来，在"密苏里方法"的理念指引下，密苏里大学新闻学院从实践基地、教师队伍、课程设置三个方面进行人才培养实践，毕业生深受业界欢迎，赢得了"美国记者的摇篮"的美誉。

(一)建立多元化的实践基地

密苏里大学新闻学院俨然已经从一个教学机构变身成为一个综合传媒集团。实践基地主要分为三种类型,即自建媒体实践基地、专业机构、合作传媒机构及企业。

媒体实践基地包括 AdZou、《哥伦比亚密苏里人报》(*Columbia Missourian*)、《全球记者》杂志(*Global Journalist*)、KBIA 91.3 FM 电台、KOMU TV-8 电视台、密苏里数字新闻(Missouri Digital News)、MOJO 广告公司、VOX 杂志。这八大实践基地一方面为公众提供信息服务,另一方面学生可以进行实战训练并且取得学分。AdZou 是为资深战略传播者提供的顶级课堂。在广告、公关和营销教师的指导下,学生以团队的形式为公司或组织提供一整套以市场调研为基础的策划活动,服务于银行、数字技术、食品等公司客户。相对于专业的营销传播公司,AdZou 可以以不高的价格为客户提供独特视角和高质量的品牌策划、市场营销和调研等活动;《哥伦比亚密苏里人报》成立于 1908 年,为了培养数字时代的新闻传播人才,现在是一份以数字出版为主的社区报,社区报的定位更有利于学生深入采访报道。除了纸质版外,还有网络版、移动端、电子书。记者、编辑、摄影、图形艺术、网络技术均有学生担当。凭借深入翔实的报道,《哥伦比亚密苏里人报》甚至击败了《圣路易斯邮报》《堪萨斯城星报》《哥伦比亚论坛报》而获得国家级新闻奖项;《全球记者》是一本极具国际视野的杂志,从网站、广播、印刷和移动多个传播渠道为全球受众提供新闻信息;KBIA 91.3 FM 电台是全美运营最为成功的电台之一,归密苏里大学所有,由广电专业和融合新闻专业的学生在学院教师和专业广播从业人员的指导下负责新闻素材收集、写作和传播。新闻素材主要来源于公共国际广播电台和其他内容提供商,收听范围覆盖 70 英里,覆盖人数超过 40000 人。通过网络收听和收音机收听两种方式,前一种的呈现方式还包括视频和文字;KOMU TV-8 电视台是密苏里大学唯一拥有的商业电视台,隶属于 NBC 和 CNN,为广电专业的学生提供实战平台。该电视台配有顶级的设备,全新的数控中心和多媒体远程报道车,节目内容覆盖密苏里中部的 15 个县的 40000 多个家庭;密苏里数字新闻是全球第一家新闻网站,报纸、广播和新媒体的学生共同组成第一支融合新闻编辑部,为全美多家报纸、广播和网站提供州政府和州议会的新闻报道;MOJO是全美首屈一指的广告公司,学生以年轻人独特的视角为那些市场细分为青少年和青年人的品牌提供专业的广告营销服务;VOX是一本以富有煽动性的文章来进行有效分析和反思当代社会问题的周刊,其内容包括人类生存环境、当地文化解析等。杂志网站每周的访问量大约2万人,纸质发行量大约1万册。这些实践基地模拟真实的媒介工作环境,给予学生第一份工作的宝贵经验,学生担任记者、编辑、制作人等职务,教师、教授担任主编、台长等职务,给予学生第一份工作的宝贵经验。这也是为什么美国主流媒体在选择毕业生时总是将密苏里大学新闻学院的学生作为首选的重要原因。

除了学院自建的实践基地,还有十家专业机构坐落于新闻学院,包括美国新闻编辑协会、医疗保健新闻协会、冲突法律和媒体研究中心、卓越医疗新闻中心、宗教与专业中心、热心记者委员会、调查性新闻记者与编辑组织、密苏里校际报业协会、国家信息自由联盟、全国计算机辅助报告研究所。一方面,这些机构的从业人员定期参与学院组织的各项活动,并且能够为学生提供更多的工作机会;另一方面,学院教师能够有更多的机会从专业机构中了解业界动态,专业机构也能够从教师那里获取咨询意见,在这种互动中形成双赢关系。

学院还不断与专业传媒机构和企业建立合作关系,为学生提供实践机会的同时也为专业传媒机构或企业提供了创造性的解决方案。比如,近期圣路易斯的主流新闻网站STLtoday.com找到雷诺兹新闻学院的未来实验室,希望了解它们的用户,有针对性地进行改革以吸引更多的用户,获得更多的收入。高级互动式广告班的学生经过两个月的训练,运用Adobe SiteCatalyst网站分析工具,就不同时段、不同内容、不同版面吸引的用户给予了分析,最后为该网站提供了一份详细的调查报告。与专业传媒机构和企业建立合作能够让学生在学习之余,利用学院的设备资源、教师资源和社会资源获取实战工作经历,在毕业找工作时更具竞争力。

(二)组建具有实践经验的教师队伍

现在密苏里大学新闻学院总共有235位教师,除去行政人员、退休教授、其他院系和机构的兼职教师,新闻学院从事教学的共有140位教师,教师人数创下全美新闻学院之最。根据学院官方网站对教师的介绍,拥有业界实践经验的教师有95位,比例达到68%,而这95位教师中又有48位的业界实践经验超过十年,比例达到51%。这些具有从业经验的教师或自己创办公司,或在知名传媒公司、广告公司、营销公司、公关公司工作。这些教师积极投身到八大实践基地的实践指导当中,将知识和技巧在实践中传授给学生。该院拥有来自业界和其他专业的专业实践指导教师共46位,其中有9位投身到实践基地的指导教学工作,14位指导融合新闻、12位指导战略传播。以《哥伦比亚密苏里人报》为例,共有24位教师参与其中,其中教授2位,副教授10位,助理教授5位。

依据不同需求,对教师的要求也不尽相同。传统的具有博士学位的学术性教师主要负责研究型和理论型的课程教学,而专业实践教师(可以具备博士学位,也可以没有博士学位)则要求具备丰富的从业经验,主要负责报纸设计、报纸编辑、广播采访、杂志出版与管理等技能型的课程教学。而这两种类型的教师也有不同的发展轨迹。在学院内部,这两类教师都可以被称为教授或副教授,但是对前者的评估是以教学和科研能力为标准,必须在有影响力的学术刊物上发表文章才可以获得终身教职,而对后者的评估则包括教学和实践两个部分。他们担任实践基地或是校外媒体的报纸编辑、杂志编辑、电视制作人等,他们编辑的报纸、杂志以及制作的电视节目都将纳入评估范围。专业实践教师凭借其丰富的从业经验可以获得较高的工资。在密苏里大学新闻学院获得薪资最高的一名教授就没有终身教职。

(三)设置丰富细化的课程

密苏里大学新闻学院设有本、硕、博三个层次的教育。本科专业包括融合新闻、图片新闻、战略传播、杂志新闻学、广播电视新闻学、印刷和数字新闻等六大方向。大一和大二以通识教育为主,主要课程包括英语写作、代数、生物、物理、社会和行为科学、人文研究和新闻学课程等,大三和大四以专业课程为主,不同专业的学生会有不同的课程设置,以新闻学为例,包括美国新闻史、通信法、新闻摄影史等。此外,新闻学院还提供36种兴趣课程供大二和大三的学生选择,包括按种类划分的艺术文化新闻、体育新闻、商用金融新闻、科技健康新闻等,也包括按制作流程划分的杂志写作、杂志设计、杂志编辑、杂志出版和管理等课程。兴趣课程比专业课程划分更细,更具有实践性,主要是为学生今后的就业做准备。

硕士阶段包括定制硕士、2 年硕士、5 年本硕连读、法律–新闻项目、远程教育等五种模式,其中攻读 2 年硕士的学生最多。定制硕士是指学院为有需要的学生提供一名教学顾问,根据学生不同的教育背景和工作经验,教学顾问为其量身打造一套教学培养方案。2 年硕士的课程多达 21 门,包括广告、融合新闻、环境新闻报道、深度广播 / 电视新闻报道、国际传播、调查报道、杂志设计、杂志编辑、杂志写作、图片新闻、公共政策新闻、新闻媒体与社会、视觉编辑与管理、战略传播等。5 年本硕连读的课程有 10 门,包括广播管理、计算机辅助报道、融合报道、杂志设计、杂志编辑、杂志写作、报纸设计、公共事务报道、艺术和娱乐事件回顾与报道、战略传播。法律–新闻项目是新闻学院与法学院合作开设的双学位,包括"法学博士和新闻学硕士""法学博士和新闻学博士""法学硕士和新闻学硕士""法学硕士和新闻学博士"四种不同类型,旨在为传媒界和法律界培养跨界人才。远程教育主要提供网络课程,包括健康传播、互动传媒、传媒管理和战略传播四个方向。

博士学位包括健康传播、历史,伦理和法律、大众传播、传媒历史、说服理论与研究、政治传播六个方向,以科研为导向。

从课程设置看,密苏里新闻学院能够将本科和研究生教育的层次拉开,本科教育立足于拓宽人文社会科学基础、培养通用型的新闻传播人才,硕士生教育立足于强化专业训练、培养高层次的媒体专业人才,而博士生教育则依托学院的新闻学专业优势和其他相关学科合作, 培养新闻传播的科研教学型人才。

二、"密苏里方法"对我国新闻传播人才培养的启示

新闻传播是一门实践性极强的学科, 近年来我国高等院校也十分重视学生实践能力的培养。然而,对照"密苏里方法",我国新闻传播人才的实践能力培养还需从三个方面进行加强。

(一)实践基地从封闭走向开放

我国高等院校的校报、广播台、电视台的运营都是一种"从学生到学生"的模式,学生既是新闻信息的制作者,也是接受者。这种模式虽然在一定程度上也可以锻炼学生的实践能力,出现了问题也较容易控制,但是这种闭门造车的模式也存在不少问题,诸如教师和学生的参与热情不容易调动,丰富的社会资源难以导入,实践环境缺乏真实感。而反观密苏里大学新闻学院,八大实践基地无一不是面向社会运营的,传播范围已延伸至整个密苏里,甚至全美,教师、学生、社会专业人士共同参与其中,十大专业机构涌入校园,学校不再是象牙塔,而是和社会资源融为一体,形成你中有我,我中有你的"友好型"格局。

(二)加重具有从业经验教师的比例

近年来,我国高等院校新闻传播学院从业界引进资深人士聘为兼职教授,加强学界与业界的交流,但是这些兼职教授往往被自身繁杂的工作缠身,能够投入学校工作的精力和时间有限,心有余而力不足。新进教师基本上都要求具备博士学位,教师的职称评定也与科研成果密切挂钩,我们有太多具有博士学位的教师,而又太缺乏具有丰富从业经验的教师。我们应改变唯学历、唯科研的"一刀切"心态,加大具有从业经验教师的比例,为科研和教学这两种类型的教师开辟不同的上升渠道。密苏里大学新闻学院有68%的教师拥有从业经验,这成为其最为重要且无法复制的核心竞争力。教师队伍的多元化有助于学生将理论与实践相结合,不唯上,不唯书,只唯实,有助于学生了解真实的传媒业,站在"巨人"的肩膀上不断学习、不断反思、不断创新。

(三)课程设置以"职业"为导向,紧跟传媒产业发展步伐

我国新闻传播学院的课程教学内容明显滞后于传媒产业的发展,照本宣科的现象依然存在。重理论而轻实践,理论型课程比重远大于实践型课程,老师讲学生听成为一种常态,学生缺乏动手实践的平台和机会。在我国新闻教育中,毕业论文一般要求理论性文章,新闻博士不会写新闻的怪事

时有发生。而密苏里大学新闻学院设置了 36 门兴趣课程,包含如何排版、设计、写作、编辑、出版、管理,全部以具体操作为教学内容,目的是让学生能够在日后的工作中尽快进入角色。另外,本科生根本不要求写毕业论文,而硕士论文可以写深度报道,也可以写理论性文章。由于课程设置和师资力量等原因,我国新闻传播院校对复合型人才的培养显得薄弱,交叉性学科课程鲜有出现。随着传统媒体与新媒体的界限日益模糊,早在 2005 年秋季学期密苏里大学新闻学院就开设了融合新闻课程,并同时创建了融合新闻专业,成为世界上首个开设此专业的新闻院校,在媒介融合背景下为业界培养紧缺的背包记者。此外,为了迎合业界对复合型人才的需求,密苏里大学新闻学院与该校的法学院、商学院等都有着密切的跨院系合作。比如新闻-法学项目就是为名人隐私、商业并购、版权商标新闻报道中所涉及的法律问题培养复合型人才。作为全美排名第一的新闻学院,密苏里大学新闻学院保持着每两年修订一次教学大纲的节奏,以便能紧跟传媒产业发展的步伐。

"密苏里方法"对我国新闻传播人才的培养有很重要的启示作用。我国应结合实际情况,在新闻实践、师资队伍和课程设置等方面导入一些新的教学思路和方法,为传媒产业培养更多有用之才。

参考文献:

[1] 蔡雯,周欣枫. 新闻教育的"密苏里方法"[J]. 现代传播,2006(2).

[2] 密苏里大学新闻学院网站:http://journalism.missouri.edu/

七、思政教育与研究生教学

新媒体环境下大学生社会责任感
教育的创新途径探析

覃红英

摘　要： 社会责任感是处于人生关键时期的大学生应该而且必须具有的对社会的态度和情感，大学生的责任感在新时期表现为对国家、对集体、对个人的责任意识和责任行为。而 Web3.0 时代，新媒体迅速发展，当前高校社会责任感教育面临机遇与挑战并存的局面，教育工作者应当认清新媒体环境下大学生社会责任感教育的价值内涵及其面临的挑战，积极运用新媒体作为教育载体的优势，不断增强大学生社会责任感教育的针对性和实效性。

关键词： 新媒体；大学生；社会责任感教育

一、新时期大学生社会责任感的价值内涵

党的十八大报告明确指出，要努力办好人民满意的教育，把立德树人作为教育的根本任务，培养学生社会责任感、创新精神、实践能力。作为建设中国特色社会主义事业的主力军，大学生肩负着实现中华民族伟大复兴的历史重任，其社会责任感的强弱关系国家前途、民族命运和社会主义伟大事业的成败。从理论层面上来说，大学生的社会责任感主要指向个人自我价值和社会价值的双重实现，具体表现为对于国家、集体、家庭以及个人所应承担的责任和应尽的义务。

结合社会发展形势和高校思想政治教育的实际，笔者认为新形势下大学生的社会责任感应包括以下几个方面：一是忧国忧民的情怀。我国自古就有"先天下之忧而忧，后天下之乐而乐"等关于家国情怀的诗句，蕴含着关于

社会责任意识的重要涵义。大学生作为高级知识分子群体,应当心系社会发展,关心国计民生,自觉承担起践行国家富强、民族振兴、人民幸福,实现中华民族伟大复新的中国梦的责任和担当。二是创新创业的精神。作为未来国家科学技术发展力的代表,大学生要勇于创新、敢于创业,积极认真学习科学文化知识,主动深入创新创业的实践中去,义不容辞地担当连接理论与实践的排头兵,成为祖国振兴的中坚力量。三是崇德尚能的意识。大学生要具备"德为先、能为本"的意识,努力提升道德修养,坚定理想信念,增强作为社会主义事业接班人的"主人翁"意识,在大学期间,既要努力塑造良好的道德品质,又要注重理论知识和专业技能的习得,努力成为德才兼备的人。四是脚踏实地的行动。当代大学生要努力克服拜金主义、个人享乐主义等风气的影响,培养吃苦耐劳、甘于奉献的精神,树立全球化和国际化观念,主动承担起为社会进步、人类发展的而努力的重担,始终坚守自己的责任,把学识和能力贡献到实实在在的事业中去。

二、新媒体环境下大学生社会责任感教育的挑战与机遇

自进入 21 世纪以来,网络化、数字化的媒体新科技引发了大众媒体行业的深刻变革,尤其是互联网、手机、户外电视等新媒体的迅速发展,对大学生的影响已经遍及学习、生活、人际交往等各领域、各方面,大学生也逐渐成为了应用新媒体的主力军。根据中国互联网络信息中心(CNNIC)发布的第34 次《中国互联网络发展状况统计报告》显示,截至 2014 年 6 月 30 日,中国网民规模达 6.32 亿,互联网普及率为 46.9%。其中,学生依然是中国网民中最大的群体,占比 25.1%。《报告》还显示,随着 Wi-Fi 覆盖提升、3G 的成熟和 4G 的启用,为网民提供了更为优质的上网环境,我国网民的人均周上网时长达 25.9 小时。

当前大学生接触使用的新媒体主要集中于网络媒体和移动新媒体,其中网络媒体主要包括门户网站、搜索引擎、网络报纸、网络广播和电视、社区、微博、博客等传播形态,移动新媒体主要包括手机杂志、即时通讯、微信、微博等手机应用。新媒体以其丰富的信息资源、广阔的覆盖范围、迅疾的传播速度和人性化的交互模式,影响着当代大学生的思想和行为,对于大学生

的社会责任感的教育带来了前所未有的挑战，但同时新媒体也为提供了有效途径，为新时期大学生社会责任感的培育带来了机遇。

（一）新媒体环境下大学生社会责任感教育的挑战

1. 传播泛化，大学生社会责任感教育的主导性有待增强

新媒体环境下，每一个个体既是接受主体又是传播者。自媒体、独立媒体纷纷涌现，打破了传统的传播模式，促使传播者和传播内容的泛化，信息的生产者与消费者之间的界限逐渐模糊，新闻也不再是专业媒体组织的专门产品，社会个体可以成为信息的发布者、评估者和舆论的制造者，人人都可以通过新媒体对他人产生影响，传播格局呈现泛化趋势。而正是新媒体的传播泛化，加速了社会思潮的交流互动和社会价值的多元融合，给大学生人生观、世界观、价值观的养成带来了影响和冲击。

大学生接受新兴事物的主动性和能动性强，热衷于通过各类新媒体平台获取信息、增强交流，容易受到各类非主流意识的影响，甚至产生对于社会主义核心价值观等主流价值的质疑和抵抗。有调查研究显示，当代大学生社会责任感的稳定性不强，容易受到社会风气、同伴群体和网络的影响，产生从众现象，这都不利于大学生社会责任感的教育和养成。

2. 监管困难，大学生社会责任感教育的复杂性不断加大

随着新媒体技术的迅速发展，网络和手机传播具有快速性、随意性和匿名性的特点，大量的信息源源不断地涌向大学生，包含有激励大学生爱国爱家、甘于奉献的正能量的信息和资源，但也会有消极的、危害大学生身心健康发展的负面信息和资源，各类诈骗、骚扰、广告类的"黄色、灰色、黑色"的垃圾信息经常出现。在新媒体环境中，除了道德自律外，网络传播者无法承担起"把关人"的角色，难以对信息传播实施及时的监控和管理。同时，虚拟的媒体信息环境使大学生隐去了自己的真实身份，可以自由获取信息、随意发表意见，一定程度上给大学生提供了一个不受限制、不受约束、不受监督的活动空间，极易诱发大学生的过激言语，甚至引发不负责任乃至失范行为，这大大加大了对大学生的管理及培育其社会责任感的难度。

3. 新媒体环境对大学生的新媒体媒介素养提出了更高要求

网络、移动客户端等新媒体已成为大学生学习、工作、娱乐的重要工具。虽

然平时上网时间较长，但大学生普遍对于网络新媒体信息的接收和解读能力比较欠缺，对于网络信息的获取存在随机性和混乱性，难以形成系统的信息结构，缺乏完整性。更难以在众声喧哗中，对所接触的信息进行批判性理解，极易陷入被动接受的泥淖。整体来说，大学生的媒介素养尚处于较低水平。

然而，大学阶段是学生形成人生观、价值观、世界观的重要时期，面对混杂的各类信息，容易受到不良信息的侵害，影响自身的健康发展，甚至做出侵害他人利益、危害社会秩序的行为。"因为网络的虚拟化，有的人的内心活动和网络上的言论与现实生活中的自己是有很大区别的，有的人在现实中无法实现的，不敢做的，就想通过网络得以实现；网络的虚拟性、匿名性导致信息传播的随意性，助长了无政府心态，让正常人出现道德人格双重性的情况，让人在这个虚拟社会里充分暴露出了阴暗面"①，大学生好奇心强，判断力薄弱，自我控制能力差，需要不断提升媒介素养，自觉遵守和维护新媒体环境的道德规则。

(二)新媒体环境下大学生社会责任感教育的机遇

1. 新媒体拓展了大学生社会责任感教育的平台

微博、微信等新媒体的开发运用，计算机、手机等终端设备的普及，为教育大学生的社会责任感提供了新的载体。大学生是一个思维活跃、乐于接受新事物的群体，他们课堂之余闲暇时间较多，随时随地都可通过网络和手机等参与虚拟环境中的教育互动，突破了传统课堂教育的空间、时间界限，有利于增强课堂之外的教育效果。

具体来说，一方面，新媒体集文字、图像、声音、视频于一体的信息组织与传播方式，可以实现理论教育的多媒体化，增强感染力，提高吸引力，加强学生对于社会责任感的认同与参与。另一方面，新媒体丰富多样的活动平台，极易被大学生群体所掌握，可丰富学生的实践渠道。2011年，中国社会科学院农村发展研究所的于建嵘教授，在微博上发起"随手拍照解决乞讨儿童"活动，引起全国各地网友和公安部门的关注，网友纷纷加入行动，帮助多名被拐儿童回归父母怀抱。不容忽视的是，在这项活动参与者中，大学生占

---

① 程齐. 网络信息传播的伦理道德探析[D]. 武汉：湖北大学，2010：II.

有很大比重，他们用实际行动诠释了新媒体环境下当代青年大学生的社会责任感。另外，由中华社会救助基金会、王克勤团队联合发起的"大爱清尘·寻救尘肺病农民兄弟大行动"，由邓飞等500多名记者和国内数十家媒体联合中国社会福利基金会发起的"免费午餐"公益等项目，都充分利用网络新媒体，鼓励和引导大学生积极参与，加强他们的社会责任感，使之成为公益志愿者的重要力量。

2. 新媒体丰富了大学生社会责任感教育的资源

新媒体可深入涉及社会生活的方方面面，包含着国际与国家的政治、经济、文化、生活等各方面的信息，形成了一个容纳无穷信息的大网络。大数据时代已经来临，各类信息和资源纵横交错，有着传统教育资源所不能比拟的丰富性、即时性的特点。这为开展当下大学生的社会责任感教育提供了海量的生动新颖的素材。

同时，由于新媒体资源开放性和共享性的特点，打破了"教育者先于受教育者获得教学内容"的传统，学生可以通过新媒体平台自主获取前沿观点和最新的知识，形成个体的认知，容易与教育者产生积极的共鸣，增强教育效果。另外，由于新媒体教育资源易于存储、查找便捷，大大提高了教育资源的使用效率和重复使用率，对于构建教育大学生社会责任感的长效机制有着重要意义。

3. 新媒体创新了大学生社会责任感教育的方法

新媒体时代，传统的"集中统一的一刀切模式、自上而下的单向灌输、简单的命令说教形式逐渐被丰富多元化模式、双向（多向）和直接交流（互动）以及图文并茂、音视同期的多媒介并用的形式替代，一种全新的思想政治教育模式正在建立"。[①]顺应和运用新媒体优势，有利于大学生社会责任感教育方法的创新。

首先，新媒体的平等交互性影响着教育者和受教育者双方，学生可以通过微博、QQ以及邮箱等开展评价、提出疑问，教育者则可以及时获取关于教育效果的评价和反馈，通过交流，改进和调整教育方法。

其次，新媒体前卫时尚的信息资源、方便快捷的交流渠道有助于增强学生的自主性，主动发起关于社会责任意识和行为的学习与实践活动。例如，

---

① 舒娜. 新媒介环境下青少年的思想教育研究[D]. 武汉:武汉理工大学,2008:19.

部分高校学生在全国"两会"期间通过微博发起"假如我是人大代表"活动，自发地关注国家大事，是运用新媒体的有效实践。

三、新媒体环境下大学生社会责任感教育的创新途径探析

以移动客户端为代表的新媒体时代到来，为高校思想政治教育带来了不容忽视的问题与挑战，也提供了新观念、新方法、新内容、新载体。积极探索新媒体背景下大学生社会责任感教育的新途径，扬长避短，可有效消除新媒体的负面影响，在新媒体环境下引导学生增强社会责任感，教育有担当、有能力的接班人。这是当前高等教育面临的重要课题，具有深远而重要的意义。正如汪顿在其研究中所说："只有紧紧把握时代脉搏，充分认识并利用新媒体的优势，坚持用马克思主义的思想文化占领高校网络文化阵地，合理运用现代传媒手段建设大学生的现实和虚拟双重精神家园，拓展大学思想政治教育途径，转变观念，加强大学生媒介素养教育，才能使大学生思想政治教育在新媒体这一'新战场'上打出漂亮的一仗。"①

(一)建设校园新媒体教育平台，营造浓厚的社会责任文化氛围

高校要充分发挥新媒体的优势，迅速占领新媒体这一大学生思想政治教育的前沿平台，通过网站等教育平台的建设和丰富有效的校园文化活动的开展，把社会责任感教育融入校园文化建设中去。

首先，加强主题教育网站的建设力度。努力建设融思想性、知识性、趣味性、服务性于一体的主题教育网站或网页。网站建设要注重导向性，围绕时事政治、社会热点等开展正面引导；要提高吸引力，充分考量大学生的发展特点和需求，以视频、音频、图片等元素增强网站的趣味性，努力贴近学生、吸引学生；要增强互动性，主题教育网站要突破传统的单向传播和教育的局限，可以通过在线交流、问答竞猜等形式获得学生的参与和回应，增强教育效果。

其次，丰富校园文化活动，网上网下共同开展社会责任感教育。以学生社团等学生组织为依托，创新开展校园文化活动，例如关于社会责任感的网

---

① 汪顿. 新媒体对"90后"大学生思想政治教育的新挑战[J]. 思想教育研究,2010(1).

络微故事征集、摄影比赛、短信征集等，以轻松的活动形式营造良好的育人氛围。2014年国庆节期间，在澳大利亚留学的湖北大学2005级毕业生雷希颖发起了"我和国旗合个影我为祖国点个赞"微博爱国活动。短短几天内，话题点击量突破2.6亿，引发了17万名网友的热议，也吸引了全国乃至世界各地大学生的积极参与，激发了大学生对于祖国和社会的认同，起到了良好的教育效果，值得借鉴。

(二)创新学生主体性教育体系，有效发挥学生自主能动作用

新形势下，在高等教育中全面推进大学生主体性教育，是努力办好人民满意的教育的本质要求，是增强高校思想政治教育工作实效性的现实需求，同时也是当代大学生全面发展、健康成长的内在诉求。大学生的社会责任感教育要积极顺应新媒体的发展趋势，因势利导，加强大学生主体性教育，引导大学生自我教育、自我管理和自我服务，切实增强大学生社会责任感教育的效果。

首先，利用新媒体，完善学生的自我意识。运用微博、微信等平台，通过学生喜闻乐见的形式，深入影响其思想、态度和动机等，引导其找准社会定位，培养社会责任感。

其次，依托新媒体，帮助学生实现自我管理。运用网络等调动学生的能动性，加强集体、团体、群体和个体间的良性互动，培养学生的实践能力。例如可以通过建立网络信息平台，集中管理学生思想动态、专业学习、实习实践、志愿服务等信息，学生可随时查阅个人成长记录，增强学生的自觉性和能动性。

再次，利用新媒体，激励学生实现自我发展。加强大学生的社会责任感教育要将人格的锻造融入学生的学习工作生活中。立足新媒体环境，运用网络技术开展关于心理健康、学业发展、职业规划的测试与指导，引导学生开阔视野、与时俱进、主动进取，着力培养有个性、善思索、勇进取、正能量的大学生。

(三)提高学生媒介素养，增强社会责任感教育的双向互动

作为教育者，教师首先要创新教育教学模式，增强责任感教育的吸引力。高校教师要充分利用新媒体的丰富资源，充实教育内容，及时更新运用新媒体技术，突破空间和时间限制，依托网络实施"网上"教育引导，网上网下相互补充，增强社会责任感教育的吸引力和感染力。其次是增强媒介素养

意识,具备关注和掌握新媒体发展态势的能力,关注学生的网络思想动态,遵循学生发展规律,实施社会责任感教育。

同时,要注重提升大学生的新媒体素养,引导大学生努力开阔视野,提升实践技能,在新媒体环境中全面理解并批判性地利用大众传媒资源,正确使用与传播媒体资源,增强责任意识。一方面,要增强学生掌握和运用新媒体的能力,自觉遵守新媒体信息传播的规则,主动远离不良环境,自觉维护社会稳定。另一方面,要引导大学生积极参与校园社会责任感教育,积极与学校、教师互动,在正确的引导下参加社会实践活动,努力实现知行合一。

四、结　语

新媒体环境下,信息纷扰,众声喧哗。大学生作为新媒体的主要使用者,新媒体的发展在一定程度上削弱着大学生社会责任感教育的主导性,增加着高校开展社会责任感教育工作的复杂性,同时也考验着当今高校师生的媒介素养的涵养程度。但与此同时,新媒体也为拓展社会责任感教育平台、丰富教育资源、创新教育方法提供了有利环境。大学生社会责任感教育要积极顺应新媒体发展趋势,转变教育观念,建设校园新媒体教育平台,营造浓厚的社会责任文化氛围,创新学生主体性教育体系,有效发挥学生的自主能动作用,注重提高师生的媒介素养,增强社会责任感教育的双向互动,为大学生学习、认同和践行社会责任感创造条件,帮助大学生健康成长,为社会主义建设事业培养可堪大用、能担重任的栋梁之才。

参考文献:

[1] 中共中央国务院关于进一步加强和改进大学生思想政治教育的意见[N].人民日报,2004-10-15.

[2] 汪馨兰. 新媒体环境下高校思想政治教育创新发展研究 [J]. 学校党建与思想教育,2013(1).

[3] 蒋海升. 在新媒体环境下加强对大学生价值方向的引导[J]. 甘肃科技,2011(1).

[4] 宗序亚. 社会责任感:高校思想政治教育的时代课题 [J]. 广西青年干部学院学报,2013(6).

大数据时代新闻传播学研究生教学改革探析

杨 雪

摘 要：网络技术的发展带领我们进入大数据时代。大数据时代的特点为我国新闻传播学研究生教学带来了教学资源的变化、作业处理方式的变化以及实现了教学和社会的对接，也为新闻传播学研究生教学改革带来了机遇和挑战。在此种情况下，我国新闻传播学研究生教学改革需要注意提高教师处理新技术的能力、教学决策转向依赖于对海量教学案例的数据分析以及判断学生发展情况转向依赖于对自身学习过程的数据分析。

关键词：大数据；新闻传播学；研究生教学

一、我国新闻传播学研究生教学存在的问题

在我国，新闻传播学为一级学科，下设新闻学和传播学两个二级学科。1918 年北京大学新闻学研究会成立，这是我国新闻学教育的发端。而我国的新闻传播学研究生教育起步较晚，1961 年 11 月，复旦大学新闻系招收了两名三年制研究生，标志着我国新闻学研究生教育正式诞生。2011 年 9 月，教育部通过了新闻传播学"专业硕士"和"学术硕士"并行招生的培养模式，全国共有 48 个新闻与传播专业硕士学位授予点。可见，我国新闻传播学研究生教育虽然起步较晚，但是发展非常迅速，在其迅速发展的这些年，也存在相当多的问题。

(一)分类模糊，课程种类单一

大多数的院校只是单纯把研究生教育分为新闻方向和传播方向，对于

新闻和传播之间具体研究内容的区别以及专业硕士和学术硕士在不同方向之间的区别,并没有具体涉及,分类非常模糊。很多学校一刀切地向硕士研究生提供学术型的教育,而毕业后大部分都去从事了专业硕士的工作。这种培养方式不仅浪费资源,更是无法适应人才市场的需求。大部分院校开设的课程数量有限,有些甚至是看老师能上什么课就开什么课,并且各个方向之间的课程区别很小。开设了大部分宏观性普适性的课程,缺少中观和微观层面的细化课程。

(二)理论和实践脱节,对前沿问题涉及较少

新闻传播学是实践性非常强的一门学科,但传统的新闻传播学模式往往局限于课堂上传授知识,没有给学生足够的实践机会和发展空间。教师也存在此问题,有丰富的理论知识,但缺乏新闻传播实践经验。这样会造成学生的实践能力和创新能力得不到提高,最终在求职甚至是工作的过程中遭遇重创。

我们还要正视一个问题,即现阶段教师的压力非常大,疲于奔命做科研,同时还需要兼顾保证课时,使得很多教师没有太多时间和精力去交流学习,去关注学科巨头们所研究的前沿问题,这种现状最终限制了学生的视野。

(三)教学投入少,无法满足新时期对新闻传播学人才的需求

新闻传播学从来都是一门应用型的社会科学,除了需要丰富的理论知识和开阔的视野外,还需要和现代科学技术紧密结合。和哲学、文学、历史学等学科不同,新闻传播学被称为"文科中的工科",意味着对学生的动手能力要求不亚于工科生,学生需要熟练操作各式机器并掌握相关技术。遗憾的是,长期以来,新闻传播学被当作普通的文科看待,得不到足够的办学资金投入,无法提高学生的动手能力,从而影响新闻传播学课程的内容设置改革和教学方式改进。

(四)教学不够灵活,课程设置死板

现在的研究生扩招导致有的学校博士都是十多个人的小班教学,硕士更是能高达几十人一起上课。这种状况下,教师只能进行填鸭式教学,和学生的互动非常少,很大程度上影响了教学效果。

二、大数据时代的特点

麦肯锡集团2011年的报告指出,现代社会的经济生活离不开数据,人类已经进入了大数据时代。2012年3月,美国奥巴马政府宣布"大数据研究和发展倡议(Big Data Research and Development Initiative)",来推进从大量的、复杂的数据集合中获取知识和洞见的能力。2013年11月10日,马化腾在深圳举行的腾讯"WE大会"中也提到,数据将会成为一种资源。那么,对于从事新闻传播学研究生教育的教师来说,大数据时代有哪些特点是我们需要关注的呢?笔者认为,大数据的三个重要特点是海量、多纬度、实时。

海量是指产生的数据量非常庞大,覆盖人数众多;多维度是指大数据具有浏览、搜索、购买等多种信息,不仅仅局限在一个维度内,使得用户画像更加丰满更加清楚;实时则是大数据最与众不同的一个特点,从数据收集到广告应用在很短的时间内完成,少则只需100毫秒就可完成数据收集、过滤、分析、应用等整个过程,这种处理速度是传统数据无法比拟的。

(一)数据可以用于预测也可以提供建议

大数据可以根据海量多维度信息实时迅速地帮助发现已有的规律,同时还可以根据这些规律预测发展趋势,进而为人们提供行动建议。亚马逊、京东等商业零售公司早已根据用户的过往行为推荐其他产品,并以此有效提高销售量。教育系统的大数据也同理。用于教育的大数据系统属于非结构化数据,它包括文本、图像、音频和视频等信息,比如测量学生对学习的情感态度中拍摄他们的面部表情就是非结构化数据。[①]这些非结构化数据可以更好地有助于了解和预测学生的个人学习行为、程度和态度,同时也能为教师提供相应的教育建议。

(二)大数据思维下的因材施教

慕课、可汗学院等学习系统对于每个学生在哪个单元花的时间比较多,哪些题目错误率较高等数据都做了记录,跟踪学生的在线学习轨迹,然后通

---

① 沈学珺. 大数据对教育意味着什么[J]. 上海教育科研,2013(9).

过对这些数据的分析作为学生的补充性教学的基础与依据。

三、大数据为新闻传播学教学带来的变化

(一)教学资源的变化

传统新闻传播学研究生教学主要依赖于学生所在学校的教师利用教材等辅助手段在课堂上讲解相关的知识和技能。在大数据时代,这种依赖将会在很大程度上减轻。网络上有众多的教学资源提供了多样化的指导,这些资源有教学内容介绍,也有学生与老师或者学生与学生之间的实时互动,有对新内容的讲解,也有对知识的温习和测试。比如,现在最流行的慕课,你只需要花一台电脑和网络的钱就可以享受学界大师的一流课程。所有的慕课以每周研讨话题这样的形式存在,包括每周一次的授课、研讨问题以及阅读建议。通过慕课、翻转课堂等,学生乃至老师都可以学习到新闻传播学多样化的新鲜资讯和前沿内容。

(二)作业处理方式的变化

在传统教学中,学生完成作业后向老师提交,经过老师批改后再发还给学生,有时优秀作业可能会在课堂上讲解点评。至此,学生的作业活动告一段落。在大数据时代,学生作业的处理方式会不仅仅止于此。比如慕课,每门课都有频繁的小测验,有的还有期中和期末考试。考试通常是由同班的五位同学评分,最后取平均数。一些学生还成立了网上学习小组或者和附近的同学组成面对面的学习小组。我们大胆的猜想,未来大数据时代,大学里的学生作业也会通过系统交由同学共同批改,学生的自主性会更高。大数据系统可以根据作业结果分析学习的学习能力及其发展情况,不仅能指出其所存在的问题,还能够分析学生目前的水平和教学目标之间的差距。

(三)教学和社会的对接

新闻传播学专业的学生可从事的职业方向很多,编辑、采访、发行、管理、媒介经营、客户服务、广告文案、营销策划等,但是学生们在学习过程中往往很难分清楚自身的特长到底是什么以及更适合哪一类职业,有时根据

一时的兴趣去选择,直接影响自己的职业生涯。在大数据时代,学生的学习情况由系统收集数据进行分析,可以预测学生更加擅长进入哪个领域,再加上自身兴趣及教师指导,以保证学生能够平稳进入社会工作。

四、大数据时代新闻传播学教学改革的思路

大数据给新闻传播学研究生教学改革带来了新的机遇和挑战,我们认为可以从以下几个方面思考和应对:

(一)提升教师数字信息技术能力

新技术的应用带来新变化,大数据时代的教师在教学中的职能也相应发生变化,由原来知识和技能的传授者转变为教学活动的组织者和参与者。学校应该为教师组织相关的培训学习,提供相应的信息咨询,帮助教师适应新技术带来的职能转变。比如系统批阅学生作业或做相关测评,教师应该合理利用系统的反馈,而不是机械地用反馈直接代替自身的评阅;翻转课堂教学要求教师具有很强的课堂讨论组织能力。

新技术更新速度极快,谁都没有办法一劳永逸地享受大数据时代带给我们的便利。大数据为新闻传播学教学提供了大量的资源和工具,这些都需要教师在参与培训的同时认真学习,融会贯通,形成自己擅长的培养方案。新技术带来的海量资料和工具容易让学生分辨不清哪些是有用的,可能会浪费学生更多的时间,这些也需要教师采取适当的措施及时防范和纠正。

(二)教学决策转向依赖于对海量教学案例的数据分析

传统教学领域中,一直是以有教学经验的老教师带新教师的方式发展壮大教师队伍,因为老教师头脑中有新教师所没有的十几年乃至几十年的教学实践,通过长时间的教学以及对教学现象的观察和分析,形成了自己的教学思想和教学方式,也就是我们所说的教学经验。但问题在于,老教师教学经验和教学思想的形成和积累是有其自身局限性的,每个老教师的经验多少和优劣也都各有不同,从长远来看,这会限制教师在专业发展上所处的层次和地位。在大数据时代,典型思维是基于数据分析的决策,电脑可以通

过教师记录的教学问题以及解决方案进行数据收集分析，当数量达到一定时，通过对相关数据的分析就能够针对问题得出相对公平的结论。当有教师面对类似问题时，大数据可以推荐相应的解决方案，在数据分析的基础上解决教学问题。这就意味着，教学问题不再依赖于每个教师头脑中模糊的带有个人色彩的经验，而是在海量教学案例数据的分析基础之上做出教学决策。

(三)判断学生发展情况转向依赖于对自身学习过程的数据分析

著名教育家孔子在2500多年前就已经提出因材施教，但是由于各种客观原因，现在的课堂教学只能依据教师的经验进行判断，一个班少则十几人，多则几十人甚至上百人，在有限的教学时间和教学空间内，无法对每个学生真正做到因材施教。尤其是研究生教学，每个人的本科起点不同甚至专业不同，教师需要照顾到每个学生的个体差异，提供相应的教学和补救措施，才能让每个学生都能在现有的基础上得到发展。在大数据时代，这一切都成为可能，教师可以对每个学生的学习数据进行分析，进而实现真正的因材施教。比如说，作业的每个论点都以数据的方式记录在电脑里，电脑根据数据进行分析，发现学生哪些方面的知识掌握有问题，教师在此基础上因人而异地提供针对性教学。随着大数据的普遍应用，通过对这些数据的分析和利用能够使得每位学生的发展都有据可依。

参考文献：

[1] 梁文鑫. 大数据时代——课堂教学将引来真正的变革[J]. 北京教育学院学报(自然科学版),2013(3).

[2] 邱沛篁. 中国高校新闻传播教育可持续发展的多向度思考 [J]. 西南民族大学学报(人文社科版),2008(1).

[3] 张晓峰,马汇莹. 新闻传播学研究生教育现状与挑战[J]. 新闻记者,2007(1).

[4] 曾建雄,曾俊,邓文艳. 新闻传播类硕士研究生教育的危机与转机[J]. 现代传播,2010(3).

(本文系湖北大学研究生教学改革研究项目《大数据背景下新闻传播学研究生创新教育模式研究》阶段性成果。项目编号:520-150016)

后记

　　这本有关教学研究的文集,是湖北大学新闻传播学院自 2013 年 9 月成立以来,全院教师教研成果的一次集中展示。

　　湖北大学新闻传播学专业自 1987 年创办,至今已有 28 年的历史。在长期的办学过程中,新闻传播学专业面向全国,立足湖北,服务区域政治、经济、文化发展,取得了长足的进步。从最初的单一新闻学专业,发展到今天拥有新闻学、广告学、广播电视学、传播学和播音与主持艺术五个专业的学院。在校学生包括本科生、硕士生共 1000 多人。教学体系日趋完整,教学条件优良。目前,学院拥有省级实验教学示范中心、省级重点学科、省级大学生实习实训基地、省级研究生工作站、校级大学生实习实训基地;另与 20 多家媒体和广告公司建立了实习基地。借助这些教学资源,学院为社会培养了大批优秀的专业人才,也因为广大毕业生们的卓越表现,学院受到社会的广泛认可。

　　当前,新闻界正经历前所未有的变局。新媒体技术带来的媒介融合发展趋势,改变了媒介的传播方式和属性,传播者与受众的身份不再是固定的、分离的,受众借助新媒体也可以打破垄断,享有媒介接近权而成为传播者。在这种背景下,新闻教育工作者必须顺应新闻传播行业的发展趋势,在教学中思考人才培养的新的路径和方法,以使我们的新闻传播教育跟上时代前进的步伐。

　　非常值得欣慰的是,湖北大学新闻传播学院的老师们在勤勤恳恳、孜孜不倦地上好每一节课的同时,他们时刻都昂着头仰望着星空,观察着时代的风云,并敏锐地捕捉到媒介领域的变化,在教学研究中对这种变化给人才培养带来的影响进行冷静的思索,提出自己理性的应对策略。

这本论文集涉及新闻传播教学的各个层面，有融合媒体环境下的新闻传播教育的理念问题，有全媒体人才培养的教学体系建构问题，有专业课程的实践教学改革问题，有教学的方法创新问题，有新技术在新闻传播学教学中的应用问题，也有海外高校传媒教育的他山之石。这些主题的选列，表明新闻传播学院老师们把脉实务界的敏感和精准，体现了对教学工作的敬业和专注。

本论文集共收入24篇论文。分为7个部分，分别是：教育教学模式改革，教学方法创新，课程教学改革，实践教学探索，新媒体技术教学应用，域外传媒教育撷英和思政教育与研究生教育。

本书的出版要特别感谢湖北大学原教务处长、现任校发展规划办公室主任的邵士权同志。他对新闻传播学院的教学和研究倾注了许多心力。这本论文集书稿集成后，2015年春节期间，邵士权同志利用休息时间认真阅读了这些论文，针对每一篇文章谈了自己的看法，提出了修改意见，并专门为本书出版写了代序，他的无私奉献精神和对教学研究的热情，让人感佩。现任教务处长章天金同志长期支持和帮助新闻传播学院的工作，对本书的编辑出版给予了诸多关心。在此表示衷心的感谢！

本书在编辑过程中，我院党委书记边湘义同志给予全程指导，杨翠芳、黄月琴、聂远征等老师做了大量工作；清样出来后，边湘义、杨翠芳、黄月琴、硕士研究生童威、何强对文稿做了细致的校对；世界图书出版广东分公司的杨力军编辑对全书进行了非常专业的编辑，为全书增色不少。对他们付出的辛劳一并表示衷心感谢！

廖声武

2015 年 6 月 2 日